Bettina Büx

Die REGULUS-Botschaften

Bettina Büx

Die REGULUS Botschaften

Band X

Wichtiger Hinweis

Die Autorin dieses Buches gibt weder medizinische Ratschläge noch empfiehlt sie den Gebrauch irgendwelcher Techniken zur Behandlung physischer oder psychischer Probleme. Ihre Absicht ist lediglich, generelle Informationen zur Verfügung zu stellen, um Sie bei Ihrer Suche nach geistigem und emotionalem Wohlbefinden zu unterstützen. Jede Anwendung dieser Informationen geschieht auf eigene Verantwortung. Die Informationen des Buches sind nach bestem Wissen und Gewissen dargestellt. Sowohl die Autorin als auch der Verlag übernehmen dennoch keinerlei Haftung für Schäden irgendwelcher Art, die direkt oder indirekt aus der Anwendung der Angaben in diesem Buch entstehen.

Bei möglichen unterschiedlichen Schreibweisen wurde die von der Duden-Redaktion empfohlene Schreibvariante verwendet.

1. Auflage April 2023

Gesamtherstellung: Diana Schulz
Coverfoto: dreamstime©Vitaliy Smolygin
Autorenfoto: ©PM Studios, Pfingstmann & Mayer
Lektorat: Ruth Kalmund
Druck und Bindung: CPI books GmbH, Leck
ISBN: 978-3-96442-051-0

www.echnaton-verlag.de

In dankbarer Erinnerung sei dieses Buch
meinem ehemaligen Sekundarschullehrer
Viktor Jadin (†) gewidmet.

Bereits in meinen jungen Jahren ermutigte
er mich dazu, an mich selbst zu glauben und
eigene Wege zu gehen.

Liebe ist ...

... Gott und Gott ist Liebe. Liebe ist gänzlich offenbar und dennoch gänzlich Geheimnis.

Liebe ist der Stoff, aus dem alles gemacht ist, was jemals nach ihr fragen kann und gleichwohl das größtmögliche aller Mysterien. Sie genügt sich selbst vollkommen und ist dennoch in ewiger Ausdehnung begriffen.

Liebe ist nicht teilbar. Sie gibt sich ganz und gar hinweg und bleibt indes ganz und gar bei sich selbst.

Liebe ist wahrhaft wunderbar, denn sie selbst ist das Wunder. Sie ist die unendliche Faszination des Göttlichen von sich selbst. Sie ist der Kniefall des Schöpfers vor seinem eigenen Spiegelbild. Sie ist die ewige und einzige Antwort Gottes auf seine Frage nach sich selbst. Sie ist die Wahrnehmung von Vollkommenheit.

Liebe ist die heilige Selbstwahrnehmung Gottes.

Regulus

Inhalt

2. Teil: Angst – Wenn das Leben in Ohnmacht fällt

3. Teil: Freier Wille – Der Joker im Kartenspiel des Lebens

Vorwort

Ich freue mich sehr, dass jetzt der 10. Band der Regulus-Botschaften erschienen ist und bin unendlich dankbar für dieses wunderbare Werk der Geistigen Welt, dankbar für seine Klarheit, seine Tiefe und seinen Humor.

Diese Botschaften gehören zum Schönsten und Tiefgründigsten, was ich von der Geistigen Welt bisher gelesen habe und ich lege sie jedem wärmstens ans Herz. Wer Fragen hat zum Sinn unseres Menschseins hier im Körper, wer verstehen will, warum wir uns das Leben oft so schwer machen, der geht bei Regulus nicht leer aus.

Für mich ist es das mit Abstand klarste Buch spirituellen Wissens seit dem *Kurs in Wundern*, auf den sich Regulus auch immer wieder mal bezieht. Hier findet jeder klare Antworten auf die ewigen Fragen »Wo komm ich her?«, »Wo gehe ich hin?« und »Was sollen oder was wollen wir hier?«

Die vielen kurzen Kapitel, von denen viele nicht länger sind als drei Seiten, sind für den Leser ein Hochgenuss und wirken auf mich wie ein Feuerwerk erhellender Aussagen über das Leben und die Liebe, über unseren Weg durch das Dickicht unzähliger Irrtümer unseres Denkens bis zum strahlenden Leuchtfeuer inneren Wissens über unsere wahre, göttliche Natur. Wer diese Bücher liest, wird mit Lebensfreude, innerem Frieden und Klarheit belohnt. Die Regulus-Botschaften sind echte Juwelen in der schier unüberschaubaren Auswahl an Buchangeboten.

Robert Betz

Grußwort der Autorin

Liebe Leserin, lieber Leser, diese nunmehr hier vorliegenden Mitteilungen, die als die letzten Botschaften zu verstehen sind, die Regulus in dieser Form an uns richtet, bilden die Quintessenz all seiner vorangehenden Botschaften an uns Menschen. So liegt auch in diesem Werk der Schwerpunkt auf den drei tragenden Säulen jedes Menschenlebens: Liebe, Angst und freier Wille.

Regulus wird nimmer müde, die alles entscheidende Bedeutung der Liebe zu betonen, wenn wir die Angst überwinden und das Leben verstehen und meistern wollen. Sein leidenschaftlicher Appell, uns der Liebe zu öffnen und somit der Lebensangst zu trotzen, verstummt niemals und wird auch nach der Lektüre in unseren Herzen widerhallen.

Steter Tropfen höhlt bekanntlich den Stein und so setzt auch Regulus auf die nachhaltige Macht der Wiederholung, die in ihrer Tragweite gar nicht überschätzt werden kann, denn – so sagt er an anderer Stelle – »Menschen vergessen schnell«. Dabei eröffnen uns ein weiteres Mal neue Blickwinkel immer wieder neue, erweiterte Sichtweisen auf die Dinge.

Auch dieses Mal, als Regulus sich zu Wort meldete und zum Diktat bat – wie immer ohne Vorankündigung – herrschten helle Freude und ziemliche Aufregung, denn ich frage mich bei aller Vorfreude immer auch, ob ich dieser großen Aufgabe gewachsen sein werde. Ich bin mir der großen Verantwortung, die mit der Übermittlung der Botschaften einhergeht, voll und ganz bewusst, umso mehr ehrt mich das Vertrauen, das die geistige Welt in mich setzt. Selbstzweifel sind wohl ein Thema in jedes Menschen Leben und so bin auch ich nicht frei davon. Wir alle wachsen an und mit unseren Aufgaben. Mein Bestreben ist es, auch diese letzten Botschaften so deutlich, klar und unverfälscht wiederzugeben, wie nur irgend möglich. Ich denke, das ist mir hier einmal mehr gelungen. Regulus macht es mir denkbar leicht. Die Übermittlung der Botschaften findet auf telepathischem Wege statt und Kommunikation kann exakter nicht sein.

Was mir jedoch nicht möglich ist, ist die unermessliche Liebe der geistigen Welt zu vermitteln, die mir beim Empfang der Botschaften zuteilwird. Hier versagen alle Worte. Unsere Helfer in der geistigen Welt stehen uns Menschen immer treu zur Seite, jederzeit bereit, hilfreich einzugreifen. Wir fühlen uns oftmals allein gelassen, doch sind wir es nie, erst recht nicht in schwierigen Zeiten wie diesen. Die Herausforderung für uns Menschen liegt darin, die uns angebotene Hand zu ergreifen und die Hilfe anzunehmen.

Ich wünsche Ihnen, liebe Leserin, lieber Leser, die Bereitschaft, Ihr Herz zu öffnen und sich auf die Botschaft von Regulus einzulassen. Mehr kann es nicht zu wünschen geben und so wünsche ich es Ihnen von ganzem Herzen.

Ihre Bettina Büx

Einleitung

Meine liebe Freundin, mein lieber Freund, einmal mehr hast Du gerufen und einmal mehr sind wir also unverzüglich zur Stelle, denn so will es die Liebe, die wir sind. Ihr Menschen liegt uns bewundernd zu Füßen um der Liebe willen, die wir sind. Dabei überseht Ihr – einmal mehr –, dass wir nichts sind, was nicht auch Ihr seid. Wir sind hier, wir sind bei Euch, wir sind gekommen, Euch die Augen und das Herz zu öffnen für Euch selbst, auf dass Ihr erkennen möget, wer und was Ihr seid.

Euch mag es so scheinen, als seien wir aus weiter Ferne herbeigeeilt, als trennten uns Welten und Dimensionen. Dem ist nicht so. Wir sind hier, wir wandeln im Lichte der göttlichen Einheit. Dennoch sind wir gleichwohl ganz und gar bei Euch, denn wo Liebe ist, da kann es niemals Trennung geben. Alle Welten sind doch nur eine Welt, denn es gibt nur eine Liebe, die aber ist allgegenwärtig. In tiefer und inniger Verbundenheit sprechen wir zu Euch. Wir sprechen von Herz zu Herz, wir sprechen die Sprache des Himmels, welche die universelle Sprache der ganzen Schöpfung ist.

Wir wissen, dass wir verstanden werden, denn das Herz kennt kein Missverständnis. Mit Deinem Verstand magst Du manches von dem, was wir zu berichten haben, hinterfragen und das ist gut und richtig so. Was Du für Dich annehmen kannst und willst, bleibt ganz und gar Deinem heiligen, freien Willen überlassen. Dein Herz kennt den Weg. So sei es.

Regulus

1. Teil

Liebe – Die Tiefe des Lebens

Die Königsdisziplin des Lebens

Mein lieber Freund, meine liebe Freundin, das Erdenleben als solches ist voller Herausforderungen. Kein Mensch geht auf Erden, der nicht ein Klagelied davon singen könnte und so steigt denn auch so manch wehmütiger Seufzer ratlos gen Himmel. Der Mensch weiß, was auf ihn zukommt, wenn er inkarniert. Mutig und in höchstem Maße von gutem Willen beseelt, steigt er in die Materie. Diesen heiligen Weg durch die Irrungen und Wirrungen der Dualität begleiten wir, die wir im Lichte der Einheit leben, nur zu gerne. Was Ihr auf Euch nehmt, zum Zwecke Eures Seelenwachstums, sucht wahrlich seinesgleichen.

Wie gesagt, der Herausforderungen sind da viele, obwohl es letztlich doch nur eine ist. Euch dies ins Bewusstsein und ins Herz zu rufen, ist Sinn und Zweck dieser Zeilen. Menschen inkarnieren aus zahllosen Gründen und dennoch kann es nur einen geben. Die Suche nach Selbsterkenntnis, die Suche nach Gott, die Suche nach Liebe, sie sind ein und dasselbe.

Des Menschen heiliges Ringen um Selbsterkenntnis kleidet sich in zahllose Gewänder. Tapfer nehmt Ihr Drangsal und Ungemach auf Euch und Ihr tut Euer Bestes, damit fertig zu werden, in welcher Weise auch immer. Hier, in geistigen Gefilden, ist der Mut des Menschen sprichwörtlich. In unseren vorangehenden Botschaften sagten wir es bereits. Wir werden nimmer müde, Euch dies ins Gedächtnis zu rufen, denn nur allzu oft seid Ihr bereit, Euer Licht unter den Scheffel zu stellen. In völliger Verkennung der wirklichen Zusammenhänge ist der Mensch unfähig, die Heiligkeit seines mühsamen Weges durch die Materie zu sehen. Die Erkenntnis der Heiligkeit des Lebens setzt die Erkenntnis der eigenen Heiligkeit voraus.

Kein Mensch geht auf Erden, der nicht ein heiliges Wesen wäre. Heiligkeit ist ein Dir von Deinem Schöpfer geschenktes Attribut. Heiligkeit ist Dein göttliches Erbe und somit ist sie Dir in die Wiege gelegt. Die ganze Schöpfung ist heilig und tatsächlich kann es keine Tatsache geben, die selbstverständlicher wäre. Heiligkeit – ein Attribut des Göttlichen – ist unantastbar!

Dies bedarf der näheren Betrachtung: Ausnahmslos alle Attribute des Göttlichen sind Attribute der Liebe, wie könnte es anders sein? In Gott ist Liebe und nichts als Liebe. Nichts anderes ward je geschaffen. Heiligkeit ist also nur ein anderes Wort für Liebe. Und schon bist Du Dir selbst auf der Spur. Deine Heiligkeit ist deshalb unantastbar, weil die Liebe unantastbar ist. Wir wissen, dass Liebe vollkommene Omnipotenz ist und dass ihr somit weder etwas hinzugefügt, noch entrissen werden kann. Die Allmacht der Liebe ist in ihrer Größenordnung unermesslich und letztlich auf ewig unbegreifbar. Die Größe der Liebe erkennen bedeutet, Gott selbst zu erkennen. Und auch dies sagten wir bereits an anderer Stelle: Gott kann letztlich niemals erkannt werden, Gott wird erschaut. In der Liebe – und nur in der Liebe – ist Er[1] erfahrbar. Deine

---

[1] Entgegen der Rechtschreibreform wird auf die Großschreibung der direkten Anrede zurückgegriffen. Dies ist ebenso der Fall bei allen Anreden, die sich unmittelbar auf Gott beziehen.

Heiligkeit ist also unantastbar. Weil nur Liebe geschaffen ist und nichts als Liebe, kann es nichts anderes geben, das da Wirklichkeitsgehalt hätte. An dieser Stelle erinnern wir gerne erneut an die wundervolle Kernaussage »Nichts Wirkliches kann bedroht werden.« aus dem *Kurs in Wundern*. Deine Heiligkeit ist also unantastbar. Nichts kann es geben, das sie jemals bedrohen könnte, nicht einmal Du selbst! Mit anderen Worten: Was immer Du tust, was immer Du unterlässt, niemals kannst Du vor Gott in Ungnade fallen. Die Bedingungslosigkeit der Liebe selbst macht dies auf ewig vollkommen unmöglich.

Vor Gott kannst Du also nicht in Ungnade fallen, vor Dir selbst kannst Du es jedoch sehr wohl. Und an diesem Punkt unserer Ausführungen kommen wir nun zur Königsdisziplin des Lebens: das Urvertrauen. In Band VII unserer Botschaften war bereits die Rede davon, hier nun begegnet es uns erneut. Der Mensch zermürbt und grämt sich mit Selbstanklage und Selbstzweifeln, das ist Euch allen besser bekannt, als Euch lieb sein kann. Dieses gnadenlose und unerbittliche Urteil projiziert der Mensch dann in einem weiteren Schritt zwingend auf seine Außenwelt. Über die Spiegelfunktion der Außenwelt sprachen wir in Band I unserer Botschaften. An dieser Stelle sei daran erinnert.

Warum ist Urvertrauen so wichtig? Gottes Vertrauen in sich selbst, in seine Schöpfung und somit in Dich ist wahrlich grenzenlos. Wie aber ist es um das Deine bestellt? Nur wer seinem Schöpfer blind vertraut, der kann sich selbst und somit auch seinem Leben blind vertrauen. Wo es an Urvertrauen fehlt, da fühlt der Mensch sich mangelhaft und einem unberechenbaren Leben gnadenlos ausgeliefert. Wo immer er ist, er fühlt sich fehl am Platze. Die berüchtigten Unwägbarkeiten des Lebens empfindet er als bar jeder Sinnhaftigkeit, weil ihm das sichere Gespür für den tiefen Sinn des eigenen Daseins fehlt. Nur die Liebe erfüllt die Dinge mit Sinn, Liebe ist Sinnhaftigkeit. Mehr kann nicht sein, mehr kann es nicht geben. Es gibt kein ›mehr‹ als Liebe.

Wem sich der Sinn des Lebens nicht erschließt, der fühlt sich wie ein zartes Fähnlein in rauem Winde. Anders der Mensch, der sich auf sein Urvertrauen besinnen kann. Diese grundsätzlichste Facette jedes Vertrauens zeitigt zahlreiche Segnungen, wie Gelassenheit und Zuversicht in jeglicher Lebenslage. Mit Gottvertrauen kann sich der Mensch inmitten des Lebens allzeit sicher und geborgen fühlen. Er kann es wagen, sich seiner Schöpferkraft zu stellen, die ihm von Gott verliehen ist. Mit anderen Worten: Ein Mensch mit Gottvertrauen übernimmt freudvoll die volle Verantwortung für sein Leben und scheut sie nicht länger. Und an diesem Punkt kommen wir denn wieder einmal – und unsere treuen Leser wissen es – zum Spaßfaktor des Lebens, den Ihr alle so sträflich vernachlässigt. Lebensfreude wäre ohne Schöpferkraft unmöglich und nur ein Leben in Eigenverantwortung kann Spaß machen. Dies ist so, weil der freie Wille des Menschen auf ewig unantastbar ist. So will es die Liebe.

Ihr seid Kinder Gottes! Ihr seid Gotteskinder! Wer uns jetzt der banalen Floskel bezichtigt, den erinnern wir gerne daran, dass diese ewige Wahrheit in Eurer Welt nur allzu oft und allenthalben vergessen wird. Wenn dem nicht so wäre, Eure Welt wäre wahrlich eine andere. Eben dieses Vergessen hat die Welt in den Zustand gebracht, in dem sie nun einmal ist und in dem sie sich Euch darstellt. Erinnere Dich! Welches

Kind könnte sich des Lebens erfreuen, das sich nicht von Vater und Mutter geliebt fühlt?

Du bist ein Geschöpf Gottes. Du bist Geist von seinem Geiste und somit ein Teil von ihm. Gott ist keine ›gespaltene Persönlichkeit‹, Gott ist nicht schizophren. *(Anm. der Verfasserin: scherzhaft gesagt und gleichwohl mit tiefem Verständnis für unsere menschliche Sicht der Dinge)* Somit kann es in ihm keine Teile geben, die Er liebt und andere, die Er nicht liebt. Dieses menschliche Gedankenkonstrukt ist bei Licht betrachtet vollkommen absurd und abwegig. Liebe ist immer und überall Liebe oder aber, sie ist es nie gewesen. Wir wollen uns die Allgegenwart der Liebe stetig in Erinnerung rufen. Das Gewahrsein ihrer Allgegenwart ist das feste Fundament des Urvertrauens. Einen sichereren Unterboden als Liebe kann es nicht geben. Was, wenn nicht Liebe, könnte blindes Vertrauen jemals rechtfertigen?

Auch dürfen wir nie vergessen, dass der Mensch sich freien Willens, freudigen Herzens und frohen Mutes auf die Erdenreise begibt. Dies ist immer und ausnahmslos der Fall. Ihr alle seid hier, Euch selbst und die Welt zu erinnern, wer und was Ihr seid. Es darf uns nicht wundern, dass das Urvertrauen des Menschen mit dem Maß seiner Selbstliebe steht und fällt. Da und dort, wo Du Dich selbst liebst, kannst Du die Liebe Deines Schöpfers wahrnehmen und annehmen. Wir wissen, dass Liebe sich immer nur anbietet, niemals drängt sie sich auf, denn das würde dem freien Willen und damit der Liebe selbst zuwiderlaufen. Ohne Selbstliebe ist es nicht möglich, an die Liebe eines anderen zu glauben. Eben dieser menschliche Mangel an Selbstliebe brachte das Zerrbild eines zürnenden, prüfenden und strafenden Gottes hervor, von dem bereits in

Band VI unserer Botschaften die Rede war. Der Mangel an Selbstliebe bewirkt die Illusion, dass der Mensch der Vergebung bedarf. Über die Illusion der Schuldfähigkeit sprachen wir in Band I. Würde der Mensch der Vergebung bedürfen, dann wäre Gott ein inkonsequenter Chaot und nichts ist der Wirklichkeit ferner als dieser Irrglaube. Gott ist hochgradig konsequent, weil Liebe keine Ausnahme kennt und kennen kann. Liebe ist die Regel und sie ist eine absolute. Und hier schließt sich der Kreis von Selbstliebe und Urvertrauen.

»Durch nichts wird Gott mehr verherrlicht
als durch dein Vertrauen.«
Unbekannt

Die Vernunft des Herzens

Meine liebe Freundin, mein lieber Freund, Liebe ist die Vernunft des Herzens. Das dürfte jedem unter Euch völlig klar sein. Dass es indes keine andere Vernunft gibt, erscheint Euch weniger offensichtlich. Tatsächlich gibt es keine andere, denn was Ihr landläufig als Vernunft bezeichnet, ist allzu oft das genaue Gegenteil davon. Auf Vernunft basierend, trifft der Mensch so manche Lebensentscheidung. Nicht selten – ja, sogar meist – sind es Entscheidungen, die auf Angst basieren, also aus der Trennungsillusion des Ego geborene Irrtümer. Ihr sagt Euch: »Ich muss vernünftig sein« und Ihr sagt es Euch in aller Regel, wenn Ihr Euch vom Leben genötigt seht, wenn die Dinge unliebsam sind und wenn die Gegebenheiten Euch Überwindung kosten.

Was hat das mit Liebe zu tun? Nichts! Wie aber kann es dann vernünftig sein? Wo Liebe ist, da kann es niemals Nötigung, Zwang und Druck geben. Liebe ist pure Glückseligkeit und nichts als das. Was immer einen bitteren Beigeschmack hat, es mag sein, was es da wolle, aber ganz gewiss keine Liebe.

»Aber ich muss doch vernünftig sein, wo kämen wir denn da hin!«, so hören wir es allenthalben auf Erden. Und ja, Ihr habt recht! Die Menschheit sollte endlich zur Vernunft kommen und ihre Welt zu einem schöneren, helleren Ort für alle machen. Eure Vernunft hat Euch wahrlich chaotische Zustände beschert. Und so ist es, dass es den Menschen keineswegs an Vernunft mangelt, sondern vielmehr an Verständnis und

Erkenntnis darüber, was vernünftig ist und was nicht. Ihr verwechselt – wie so oft – die Ebenen. Ihr verwechselt Liebe mit Angst und Angst mit Liebe.

Diese Verwechslung der Ebenen, von der in all unseren Botschaften schon häufiger die Rede war, ist in ihrer Tragweite gar nicht zu überschätzen. Die Konsequenzen dieser Verdrehung sind weitaus weitreichender, als es auf den ersten Blick anmuten mag. Angst hat immer und ausnahmslos tragische Folgen. Angst hat immer Kummer, Leid und Not im Schlepptau. Liebe hingegen hat immer Glückseligkeit und Erlösung im Gepäck. Liebe ist die Antwort! Liebe ist die Antwort auf jeden möglichen Hilferuf des Lebens. Liebe ist die Antwort auf jede Frage, die das Leben Dir stellen kann. Warum ist das so? Dies ist deshalb so, weil nichts anderes als Liebe je geschaffen wurde. Nichts, was nicht Liebe ist, kann also jemals Wirklichkeitsgehalt haben.

»Ich muss vernünftig sein«, ja, das solltest Du, in der Tat! Liebe Dich selbst, das ist vernünftig. Achte Dich selbst, das ist vernünftig. Respektiere Dich selbst, das ist vernünftig. Komm zur Vernunft und sieh, wohin die Liebe Dich führt. Dies gilt sowohl individuell für den Menschen, als auch kollektiv für Euch als Erdenfamilie. Kommt zur Vernunft und seht, wohin sie Euch führt. Die Vernunft des Herzens übersteigt in ihrer Weisheit alles Vorstellbare. Ihr würdet ganz neue Wege gehen. Ihr würdet Neuland erkunden und bis dato unbetretene Pfade nutzen. Die Vernunft des Herzens macht das Dasein auf Erden zu einer abenteuerlichen Spaßreise voller wundervoller Überraschungen und positiver Wendungen.

Wo die Liebe regiert, da gibt es keine Tretmühlen aus falsch verstandenem Pflichtgefühl und vermeintlichen Zwängen.

Wo die Liebe im Herzen regiert, da lebt der Mensch, anstatt nur zu funktionieren. Er lebt sein volles Potenzial und nichts weniger als das ist eines Kindes Gottes würdig. Komm zur Vernunft! Eine Vernunft, die Dich nicht glücklich macht, ist keine. Das kann niemals sein, denn Glück ist Teil Deines gottgegebenen Erbes und somit stimmig mit Deinem Sosein. Was jedoch nicht stimmig ist mit Deinem Sosein, das kann niemals Teil von Dir sein und ist somit nicht das Deine.

Wenn Du im Zweifel bist, was vernünftig ist und was nicht, wenn Du Dir nicht sicher bist, dann folge der Spur der Freude. Die Spur der Freude ist die Spur der Liebe. Woran, wenn nicht an Freude, mangelt es denn in Eurer Welt? Ihr lieben Menschen bemüht Euch so sehr, immer das Richtige zu tun und oftmals überseht Ihr Euch selbst dabei. Ihr vergesst Euch selbst im wahrsten Sinne des Wortes. Wer sich jedoch selbst vergisst, der kann unmöglich das für sich selbst Richtige tun. Du solltest häufiger an Deinen inneren Türen anklopfen und sehen, wer da ist: Das ist Selbstliebe! Kein Geringerer als Dein himmlischer Vater geht Dir mit gutem Beispiel voran. In ihm findest Du allzeit einen unfehlbaren Wegweiser. Wir verweisen auf unsere Zeilen am Buchanfang: Liebe ist die heilige Selbstwahrnehmung Gottes. Tue es ihm gleich und Du kannst niemals fehlgehen.

Gottes Wege sind wahrlich unergründlich. Sie sind deshalb unergründlich, weil die Liebe selbst es ist. Liebe ist unendlich, sie kennt weder Anfang noch Ende. Ist sie auch vollkommen offenbar, so bleibt sie dennoch das größtmögliche aller Mysterien. Das Geheimnis der Liebe will erschaut sein und Schau kann nicht gelehrt werden, Schau kann nur erfahren werden. Mit anderen Worten und vereinfacht ausgedrückt:

Liebe will gelebt sein, denn nur so ist sie erfahrbar. Liebe ist keine schönfärberische Theorie für weltfremde Romantiker und wohlmeinende Idealisten, sie ist nichts weniger als das. Liebe ist göttliche Wirklichkeit! Tatsächlich ist die Liebe der einzige Sinn des Lebens. Einen anderen kann es nicht geben. Nichts anderes ward je geschaffen und die Schöpfung ist sowohl vollständig als auch vollkommen. Liebe genügt, das tut sie immer! Was, wenn nicht Liebe, kann dem Sinn des Lebens gerecht werden? Was, wenn nicht Liebe, könnte diesen größtmöglichen Anspruch erfüllen?

Eure wundervolle Natur ist hochgradig vernünftig. Der Mensch, der sich selbst die Liebe verwehrt, ist es nicht. Nehmt Euch ein Beispiel an der Natur und lernt von ihr. Wir wissen, dass alles gegeben ist, Euch zu dienen. Und so dient Euch die Natur als ein wundervoller Lehrmeister. Sie erhält sich selbst, sie stellt ihren Selbstwert nicht infrage. Die Natur funktioniert nicht, sie lebt! Hier hat alles seinen gottgegebenen Platz, jede Pflanze und alles Getier. Die Natur erhält sich selbst mit atemberaubender Selbstverständlichkeit. Warum ist das so? Was hat die Natur Euch Menschen voraus? Ein Baum ist ein Baum. Er hat keine Angst, ein Baum zu sein. Er ist, was er ist. Eine Katze ist eine Katze. Sie hat keine Angst, eine Katze zu sein. Sie ist, was sie ist. Das ist Selbstliebe!

Erneut erinnern wir daran, dass der Mensch aus freien Stücken inkarniert. Das sollten wir niemals außer Acht lassen. Der Mensch inkarniert, weil er die Wahl haben will, die Wahl zwischen Liebe und Angst. Um der Liebe willen tut Ihr es und mehr Liebe kann es nicht geben. Der heilige Weg durch die Dunkelheit der Trennungsillusion könnte ehrenwerter nicht sein, denn wahrlich, der Weg ist beschwerlich.

Die Wachstumschancen für die Seele sind unermesslich und der Gewinn ist schier unvorstellbar. Der Mensch weiß, was er tut, wenn er inkarniert.

Dem Menschen fällt es naturgemäß schwer, vernünftig zu sein und sich selbst zu lieben. Dies ist dem Wesen der Dualität geschuldet und – allem Anschein zum Trotz – der Mensch will es so. Wie gesagt, der Gewinn ist unermesslich. Menschen sind – wiederum allem Anschein zum Trotz – nicht dumm! *(Anm. der Verfasserin: mit viel Humor!)* Die Seele will wachsen, sie will zum Bewusstsein ihrer selbst erwachen. Die ganze Schöpfung will das. Das Bestreben der Seele, zum Bewusstsein der ewigen Einheit mit ihrem Schöpfer zu erwachen, ist allzeit unwiderstehlich. Dies garantiert Dir Deine Erlösung, die nur in der Einheitswahrnehmung mit Gott gefunden werden kann. Wo Liebe ist, da ist Scheitern auf ewig unmöglich. Um es in den schönen, weil einfachen und treffenden Worten von Graham Greene zu sagen: »Wer Gott sucht, hat ihn bereits gefunden.«

Diese Aussage trifft auf jeden Menschen zu, ausnahmslos, denn Menschwerdung ist Gottsuche. Was, wenn nicht Selbstliebe, wäre Deiner also würdig? Sei geduldig mit Dir selbst, geduldig und nachsichtig. Es gibt nichts zu tun, es gibt nichts zu werden, es gibt nichts zu verändern. Alles ist schon da, es gilt lediglich, es zu erkennen.

»Die menschliche Vernunft lehrt nur die Hände
und die Füße, Gott aber das Herz.«

Martin Luther

Ein Hauch von Glück

Mein lieber Freund, meine liebe Freundin, der *Kurs in Wundern* lehrt, dass alle Äußerungen der Liebe maximal sind. In unseren vorhergehenden Botschaften haben wir diesen wundervollen Aspekt der Liebe bereits näher beleuchtet. Auch wissen wir, dass Liebe sich immer ganz und gar hinweg gibt. Mit anderen Worten: Liebe ist unerschöpflich. Niemals kann sie sich aufbrauchen oder verausgaben. Auf wundersamste Weise erneuert und mehrt sie sich stetig aus sich selbst heraus. Von ihrem Wesen her ist Liebe unteilbar, daher sind alle ihre Äußerungen maximal.

Dieses Maximum ist die ewige Gewähr dafür, dass Liebe immer und unfehlbar glücklich macht. Glücksgefühle sind einzig durch Liebe zu erfahren. Von dieser Regel gibt es keine Ausnahme! Liebe schreibt keine Regeln, Liebe ist Regel. Liebe ist die einzige Regel und der ganzen Schöpfung inhärent. Den Sehnsüchtigen unter Euch, die ihr Liebesglück suchen, sei gesagt, dass es kein anderes Glück gibt und geben kann. Glück ist immer Liebesglück. Was immer Dir Glücksgefühle entlockt, wenn Du den Dingen auf den Grund gehst, dann wirst Du auf die Liebe stoßen.

Liebe hat unzählige Gesichter und Facetten, dennoch ist sie immer ganz sie selbst. Ewig bleibt sie, was sie ist. Hier ist Irrtum unmöglich, denn Liebe kann man nicht fälschen. Liebe ist spannend, Liebe ist abenteuerlich, Liebe ist überraschend: Liebe erfüllt all Deine Bedürfnisse mit überwältigender Leichtigkeit. Und so genügt ein winziger Liebeshauch, um

Deine Seele zu sättigen. Warum ist das so? Die Seele spiegelt sich in der Liebe, sie erkennt sich selbst. Selbsterkenntnis ist der Seele drängendster Wunsch und ihr tiefstes Glück. Der Wunsch nach Selbsterkenntnis ist die Triebfeder jeglicher Entwicklung und für jedwedes Voranschreiten. Er ist der Motor der Evolution schlechthin.

Seelenwachstum und Selbsterkenntnis sind letztlich ein und dasselbe. Wir haben hier zwei unterschiedliche Begriffe, die ein und denselben Prozess bezeichnen. Was, wenn nicht das eigene Selbst, kann es zu erkennen geben? Deine Einheit mit Gott ist Wirklichkeit! Wo alles eins ist, da gibt es kein ›Außerhalb‹. Nichts ist außerhalb von Gott, auch Du nicht! Die Seele wächst in die Erkenntnis ihrer selbst hinein. Seelenwachstum währt unendlich, weil Gott unendlich ist. Dies ist Dir Garant für Dein ewiges Leben. Weil das Göttliche kein Ende kennt, kannst auch Du kein Ende haben.

Es gibt also kein ›Außerhalb-von-Gott‹. Seelenwachstum ist immer dann gegeben, wenn der Mensch sich selbst oder auch anderen Liebe entgegenbringt. Dann wächst er – und wir meinen das wörtlich – über sich selbst hinaus. Die Seele dehnt sich aus, sie wächst. Da und dort, wo der Mensch liebt, wächst er über sich selbst hinaus und in Gott hinein. Da und dort, wo der Mensch liebt, erschaut er sich selbst als integraler Teil des Göttlichen. Er erkennt sich als das, was er wirklich ist, immer sein wird und immer schon war, seit Anbeginn der Zeit. Sich selbst erkennen, bedeutet Gott erkennen. Es bedeutet die Heimkehr in die Einheitswahrnehmung.

Das ist Erlösung und eine andere kann es niemals geben. Was zuvor noch fremd erschien, das erkennst Du nunmehr als gültigen Teil Deiner selbst. Was vormals befremdlich war, ist Dir nun zutiefst vertraut. Befremdliches ist immer auch beängstigend. In der Einheitswahrnehmung ist Angst auf ewig vollkommen unmöglich. Hier ist nichts als wohlige Vertrautheit, die es immer nur dort geben kann, wo Liebe ist. Da und dort, wo Du liebst, da bist Du zutiefst geborgen in Dir selbst und somit in Gott.

»Wer in seiner eigenen Seele
daheim ist, der schaut Gott.«

Carl Jatho

Ewig, ewig bin ich Dein

Meine liebe Freundin, mein lieber Freund, Liebe ist das Einzige, das jemals Wirklichkeitsgehalt haben kann. Nichts anderes ward je geschaffen. Wir werden nimmer müde, es zu wiederholen, damit Euer Bewusstsein für diese grandiose göttliche Tatsache geschärft werden möge. In dieser ewig gültigen Tatsache liegt die Erlösungsbotschaft par excellence. Liebe ist die einzige und ewige Antwort Gottes auf seine Frage nach sich selbst. Erneut verweisen wir auf die entsprechende Textstelle am Buchanfang. Liebe impliziert alles, was ist und alles, was jemals sein könnte. Weil Liebe vollkommen ist, ist sie vollständig. Mit anderen Worten: Es gibt nichts, das der Liebe hinzugefügt werden könnte.

Die Treue Gottes, die Treue zur Liebe, ist die Treue des Schöpfers zu sich selbst und somit zu seiner ganzen Schöpfung. Wie wir wissen, können Schöpfer und Schöpfung nicht sinnvoll voneinander getrennt werden. Alles war eins. Alles ist eins. Alles bleibt eins. Dies ist jetzt so und bis in alle Ewigkeit. Da Treue ein Aspekt der Liebe ist, steht sie über der Zeit. Treue steigt einfach über die Zeit hinweg. Für die Treue existiert die Zeit einfach nicht, Treue kann Zeit nicht wahrnehmen. Warum sollte sie? Für das Wirkliche hat das Illusionäre keinerlei Bedeutung. Warum sollte die Wirklichkeit der Illusion Rechnung tragen?

Treue ist eine von unzähligen schillernden Facetten der Liebe. Liebe endet nie und in diesem Umstand liegt das tiefe Geheimnis ihrer Glückseligkeit. Ein befristetes Glück ist gar keins. Liebe endet nie, denn sie ist die Uressenz des Lebens, sie ist der Stoff, aus dem alles gemacht ist. In gewisser und sehr konkreter Weise könnte man sagen, dass Treue der selbstverständlichste Aspekt der Liebe ist. Treue ist weder Opfer noch besondere Leistung oder ähnliche Absurditäten mehr. Treue ist einfach die unbändige Freude der Liebe an sich selbst. Treue ist so zügellos wie die Liebe selbst und unaufhaltsam vorwärtsstrebend. Wie die Liebe selbst, so will auch die Treue sich mehren und ausdehnen. Wenn Menschen an Treue denken, dann geht ihnen zumeist eine stille, passive Energie durch den Kopf. Dem ist nicht so. Ein liebender Mensch ist leidenschaftlich treu. Treue ist ein inneres, loderndes Feuer, das niemals erlischt. Vom Feuer der Liebe war bereits in Band VII unserer Botschaften die Rede und die Treue ist einer ihrer herrlichsten Aspekte. Wie die Liebe selbst, so ist auch die Treue hochgradig aktiv. Sie tut, indem sie ist.

Liebe tut, indem sie ist. Mehr Handlung, mehr Aktivität, mehr Bewegung kann es nicht geben. Lebendigkeit ist Liebe und Liebe ist Lebendigkeit. Wo keine Liebe ist, da ist auch kein Leben. Nun wissen wir, dass Liebe allgegenwärtig ist, also muss auch das Leben es sein. Dem ist so. Da und dort, wo die Allgegenwart der Liebe nicht wahrgenommen wird, da ist auch kein Bewusstsein. Es ist also eine Frage der Wahrnehmung.

Innerhalb der Dualität – und nur hier – habt Ihr allzeit die Wahl. Ihr wählt zwischen Liebe und Angst. Ihr dürft Euch entscheiden, wie Ihr Euch selbst definieren wollt, denn so wollt Ihr es. Doch wie im Himmel, so auf Erden. Wirklichkeit ist überall und allzeit wirklich, Illusion ist und bleibt auf ewig Irrtum. Ihr spielt das Spiel mit der Illusion wahrlich virtuos.

Menschen sind großartig! *(Anm. der Verfasserin: mit Sanftmut und Begeisterung)*

Doch zurück zur Treue. In Eurer Welt ist der Begriff der Treue sehr eng gefasst und hat mehr mit moralischen und religiösen Zwängen zu tun, als mit der göttlichen Wirklichkeit. Oftmals sind die Begrifflichkeiten regelrecht pervertiert. Diese Zeilen wären unvollständig, würden wir an dieser Stelle nicht eine Lanze brechen für die Treue des Menschen.

Menschen sind treu! Menschen sind Gottsucher! Wir wollen niemals vergessen, warum und weshalb Ihr inkarniert, wieder und wieder: Ihr tut es um der Liebe willen. Das ist Treue. Treue geht immer gleichermaßen in alle Richtungen. Die Treue des Schöpfers zu seiner Schöpfung ist untrennbar verwoben mit Deiner Treue zu Gott, denn es gibt nur eine Liebe. Liebe ist.

»Was Gott ist,
wird in Ewigkeit kein Mensch ergründen,
doch will er treu sich alle Zeit mit uns verbünden.«

Conrad Ferdinand Meyer

Der Kniefall des Schöpfers

Mein lieber Freund, meine liebe Freundin, Liebe ist der Kniefall des Schöpfers vor seinem eigenen Spiegelbild. In der gängigen menschlichen Vorstellung ist Gott in weiter Ferne. Er thront ganz weit draußen, irgendwo, über den Dächern der Welt, hoch oben in geistigen Gefilden. Dieses Zerrbild ist falsch und innerhalb der Dualität musste es unweigerlich dazu kommen. Die Trennungsillusion hat in Eurer Welt wahrlich ganze Arbeit geleistet. Das muss sie, wenn die Dualität ihrem Sinn und Zweck gerecht werden soll.

Der Mensch sucht seinen Gott überall, nur nicht in sich selbst. Das scheint ihm vermessen und größenwahnsinnig. Doch die Wirklichkeit ist eine andere. Tatsächlich ist es vermessen und größenwahnsinnig, eine von Gott losgelöste Existenz auch nur zu erwägen. Man muss Mensch sein, man muss in der Dualität sein, um sich derlei Absurdität ausdenken zu können.

Menschen brauchen Bilder, das liegt in der Natur der Sache und so hat jeder Mensch seine eigene, ganz persönliche Gottesvorstellung. An dieser Stelle erlauben wir uns – mit ihrem Einverständnis – Euch das Gottesbild unseres geliebten Mediums zu veranschaulichen. In ihrer Vorstellung ist Gott ein alter, weiser Mann, der in abgewetzter Kleidung und in Gummistiefeln auf ihrer Bettkante sitzt und ihr zuhört. Bevor Ihr nun schallend lacht, lasst uns dieses Bild genauer betrachten. *(Anm. der Verfasserin: Regulus ist merklich amüsiert.)* Und lasst Euch gesagt sein, dass diese Vorstellung der göttlichen

Wirklichkeit weitaus näher kommt, als Ihr ahnen könnt. Auf die Frage: »Warum in Gummistiefeln?« antwortet sie: »Weil Gott mich aus jedem Schlamassel herausholt!«

Wie gesagt, das Bild kommt der Wirklichkeit Gottes näher, als Ihr ahnen könnt, denn es trifft den Kern der Sache. Gott thront nicht über der Schöpfung, Gott liegt ihr zu Füßen: Das ist Liebe!

In Band VII sprachen wir von den drei Gottesprinzipien: Schöpfung, Ausdehnung und Bewahrung. Der Schöpfer kümmert sich um sein Geschöpf. Er tut dies ohne Unterlass in jedem wundervollen Augenblick Deines heiligen Seins. Es gibt keine gottlosen Zeiten, allem irdischen Anschein zum Trotz. Die Ängste des Menschen blenden ihn für die Wahrnehmung der göttlichen Allgegenwart. Mit unermesslicher Fürsorge und Liebe erhält und bewahrt Er alles je Geschaffene.

Der Schöpfer spiegelt sich in seiner Schöpfung. Um es in den Worten von Rabindranath Tagore zu sagen: »Gott findet sich selbst, indem er erschafft.« Liebe ist der Kniefall Gottes vor seinem eigenen Spiegelbild. Gott blickt in den Spiegel und sieht – Dich! Die ganze Schöpfung, von der Du Teil bist, ist das Spiegelbild Gottes. Ist das nicht wahrhaft wunderbar?

Wir sagten es bereits an anderer Stelle: Liebe nutzt man, indem man ihr dient. Liebe lebt man, indem man ihr dient. Liebe genießt man, indem man ihr dient: Liebe ist Dienst und Dienst ist Liebe. Liebe dient, Angst hingegen opfert. Und auch dies sagten wir an anderer Stelle: Liebesdienst macht unfehlbar glücklich, Opfer macht unfehlbar zornig. Liebe opfert nicht, Liebe schenkt.

Opfer ist Sache des Ego. Tatsächlich sind Liebe und Opfer

zwei Konzepte, wie sie gegensätzlicher kaum sein könnten. Einmal mehr verwechselt der Mensch die Ebenen, wenn er Liebe mit Opferbereitschaft assoziiert. Opfer will haben, Liebe hingegen will geben. Hinter jeder Opferbereitschaft steht die Angst vor Mangel und wetzt ihre Messer. Opfern ist nicht Schenken. Opfer will Gegenleistung, Schenken hingegen nicht. Wenn es ums Opfern geht, dann trügt der Schein. Die Tarnung der Illusion mag eine raffinierte sein, doch – wir sagten es – Liebe kann man nicht fälschen. Opfer macht zornig und was sich nicht wie Liebe anfühlt, das ist auch keine.

Wir sagten es in Band I unserer Botschaften: Keine Schleife kann zum Geschenke machen, wenn die Rechnung folgt. Die Dinge sind allzeit und in Ewigkeit das, was sie sind. Wenn der Mensch den fundamentalen Unterschied zwischen Liebe und Opfer erkennen und wahrnehmen kann, triumphiert die Seele. Er hat der Angst die Maske der Tarnung vom Gesicht gerissen und die Liebe erschaut. Siehe, hinter jeder Angst steht die Liebe und wartet. Sie wartet darauf, erschaut und freudig ergriffen zu werden. Von dieser Regel gibt es keine Ausnahme!

»Eine Religion, die den Menschen finster macht,
ist falsch; denn er muss Gott mit frohem Herzen
und nicht aus Zwang dienen.«

Immanuel Kant

Chanson d'amour – Liebeslied

Meine liebe Freundin, mein lieber Freund, ewig erklingt das Liebeslied Gottes an seine Schöpfung. Keine Welt kann es jemals geben, in der es nicht hörbar wäre. Das Echo der Liebesmelodie hallt seit Anbeginn der Zeit durch die ganze Schöpfung. Nichts kann je schöner sein, nichts kann die Liebe an Herrlichkeit übertreffen. Die Liebe ist ein Wunder, sie ist das einzige Wunder, das es je geben kann. Nie gab es ein anderes. Liebe bewirkt alles, Liebe kann alles, Liebe schafft alles, Liebe erschafft alles.

Das Liebeslied Gottes erinnert Dich an Deine himmlische Heimat und ruft Dich zurück nach Hause. Wie ein akustischer Wegweiser leitet es Dich in den Schoß Deines himmlischen Vaters zurück. Sphärenklang ist so allgegenwärtig wie die Liebe selbst. Liebe ist hörbar! Auch in Eurer Welt ist sie das, denn wie im Himmel, so auf Erden. Eure Welt ist nicht gottverlassen. Worte, gesprochen aus reinem Herzen, Worte der Liebe, das ist Sphärenklang. Alles, was auf Liebe gründet, ist Sphärenklang. Liebe ist immer hörbar. Liebe ist mit allen Sinnen erfahrbar.

Liebe ist schön! Liebe ist viel zu schön, um nicht wahr zu sein! Das ist die Logik Gottes, die im Widerspruch zur vermeintlichen Logik des Ego steht, das Dir allzeit das Gegenteil vorgaukeln will. Doch Illusion bleibt auf ewig Illusion. Wir wissen, dass die Wirklichkeit niemals ausgehebelt werden kann. Das ist die Wahrheit und Wahrheit ist immer beglückend, denn sie kommt von Gott. Illusion hingegen ist immer beängstigend, denn sie kriecht aus dem Ego hervor. Gott gebiert Liebe und nichts als Liebe hat je das Licht der Welt erblickt. Die Illusion ist die Ausgeburt des Ego. Wir dürfen nie vergessen, dass das Ego selbst illusionärer Natur ist. Die Dinge, alle Dinge, sind immer Ausdehnungen ihrer selbst. Ego kann niemals Wirklichkeit hervorbringen und Gott niemals Illusion. Was ist, das ist.

Doch zurück zur Musik. Eure Welt ist voll davon. Allenthalben ertönt und erklingt sie. Dabei ist Eure Musik so facettenreich wie Eure Kulturen. Menschen lieben Musik nicht etwa zufällig, sondern aus gutem Grunde. In Band IV unserer Botschaften haben wir die Musik neben dem Humor und dem Gebet als eine der ›3 Säulen des Glücks‹ bezeichnet. In der Tat, dem ist so. Wie gesagt, die Welt ist voller Musik und voller Lieder. Es wird Euch jedoch wundern zu hören, dass nur relativ wenige davon Liebeslieder sind. Eure Lieder sind oftmals vielmehr Sache des Ego und das darf uns nicht wirklich wundern, denn die Lieder einer Gesellschaft sind ein wertvoller Spiegel. Das Lied spiegelt die Gesellschaft, der es entspringt. Alles ist gegeben, Dir zu dienen, alles ist gegeben, Deiner Selbsterkenntnis hilfreich zur Seite zu stehen und Eure Lieder machen da keine Ausnahme.

Das herrliche Liebeslied des Schöpfers, es ist immer neu, immer anders und dennoch ewig gleich. Liebe hat unzählige Facetten, weil sie unbegrenzt ist. Liebe ist der Zugang zur Musik, so wie Liebe der Zugang zu allem ist, was wirklich ist. Das wohlige Schnurren einer Katze ist Musik – für den, der die Katze liebt. Das Lied der Nachtigall ist Musik – für den, der die Nachtigall liebt. Das Rauschen des Windes ist Musik – für den, der den Wind liebt.

Wer ein Herz hat, zu hören, der höre! Das ist Liebe, erfahrbar mit allen Sinnen.

»Die Liebeslieder sind alle zu laut,
die Sprache der Liebe ist: Flüstern.«
Carl Ludwig Schleich

Der Kuss des Engels

Mein lieber Freund, meine liebe Freundin, es gibt kaum etwas Intimeres als ein Kuss. Er ist mehr als ein Zeichen der Liebe und sehr viel mehr als ein symbolischer Akt. Ein Kuss reicht tief hinein, bis auf den Bodengrund der Seele. Ihr Menschen wisst um die Kraft des Kusses. Ihr könnt sie fühlen. Die mysteriöse Strahlkraft eines Kusses lässt Euer Herz erbeben und die Seele vibrieren vor Glückseligkeit. Da und dort, wo sich zwei Menschen in Liebe begegnen, ist der Kuss die intimste aller möglichen Handlungen. Mehr Nähe geht nicht, mehr Verschmelzung kann nicht sein. Im Kuss vereinigen sich die Seelen zweier Menschen und verschmelzen zu einer einzigen. Der Kuss des Engels – und das ist jeder Kuss der Liebe – ist der heiligste Akt, der zwischen zwei Menschen möglich ist.

Warum ist das so? In Band I unserer Botschaften sprachen wir bereits von der Sexualität des Menschen. An dieser Stelle sei daran erinnert. Das wundervolle, heilige Gnadengeschenk der Sexualität ist gefühlte Rückerinnerung an die Einheit mit Gott. Nur das macht das menschliche sexuelle Erleben zu einem unwiderstehlichen Bedürfnis. Wenn wir dem Kuss nun ein eigenes Kapitel widmen, dann aus gutem Grunde. Wir fügen unseren Ausführungen über die Sexualität eine entscheidende Dimension hinzu: Im Kuss verschmelzen Liebe und Sexualität zu einer Einheit von überirdischer Schönheit. Der Kuss des Engels ist mehr als ein Signal, sehr viel mehr. Der Kuss des Engels löst sexuelle Gefühle aus und geht doch auch maßlos weit darüber hinaus. Ein Liebeskuss löst Begehren nach Nähe aus. Er ist wie eine Art Initialzündung. Verschmelzung und Fusion sind auf ewig unwiderstehlich für jede Seele. Es ist das Bewusstsein der Rückkehr in die himmlische Heimat, die Wiederherstellung der Einheit mit dem Schöpfer. Die ganze Schöpfung ist auf diesem Weg zurück. Die ganze Schöpfung sucht die Wiedervereinigung mit Gott.

Die ganz Spitzfindigen unter Euch mögen hier in unseren Worten einen Widerspruch zu vormals Gesagtem vermuten. In unseren Zeilen am Buchanfang wurde Euch gesagt, dass Gott und somit die ganze Schöpfung in ewiger Ausdehnung begriffen ist, also ein Auseinanderstreben von unvorstellbarem Ausmaß. Nun aber sagen wir Euch – scheinbar – das Gegenteil und sprechen vom Zueinanderstreben und von Fusion. Wie so oft, so kommen wir der Wirklichkeit in allen Dingen mit einem Sowohl-als-auch sehr viel mehr auf die Spur, als mit einem Entweder-oder. Hier ist von nichts Geringerem die Rede, als vom Atem Gottes: ewiges, pulsierendes Sein, göttliche Wirklichkeit, unergründliches Geheimnis.

Alles-was-Ist ist alles, was ist. Er ist immer und überall. Der heilige Odem Gottes ist das Leben selbst, das Er in den lebendigen Ausdruck haucht. Die ganze Schöpfung pulsiert. Gott zeugt und gebiert Leben, Gott bringt Leben hervor, Gott ist Leben. Wir erinnern daran: Leben, Liebe, Gott: Drei beliebig austauschbare Begriffe für ein Konzept, das sich auf ewig unserem letztgültigen Verständnis entzieht. Nur die Liebe befähigt den Menschen, sich einem Verständnis dieses grenzenlosen Mysteriums anzunähern. Wir dürfen niemals vergessen, wes Geistes Kind wir sind. Die Einheit mit dem

Schöpfer ist ewige Wirklichkeit und auch die Trennungsillusion des Ego kann die Wirklichkeit niemals aushebeln. Wir wissen aus dem *Kurs in Wundern*: »Nichts Wirkliches kann bedroht werden.« Gott schuf den Menschen nach seinem Bilde.

Der Kuss des Engels, der Liebeskuss, ist allzeit unwiderstehlich. Liebe ist Verschmelzung und wenn Seelen verschmelzen, herrscht immer Glückseligkeit. Wie im Himmel so auf Erden. Liebe ist Kommen und Gehen. Liebe ist sowohl völlige Verschmelzung als auch völliges Loslassen. Liebe ist beides – gleichzeitig! Liebe ist vollkommen. Im Kuss könnt Ihr es fühlen.

»Der Kuss ist die Sprache der Liebe.«
Unbekannt

Hier stehe ich, ich kann nicht anders!

Meine liebe Freundin, mein lieber Freund, wenn das Leben ruft, ist der Mensch nur allzu gerne willens und bereit, ihm zu folgen. Der Ruf des Lebens, er ist ein ewiger. Die Seele steht niemals still, immerfort ist sie in rühriger Bewegung. Das Leben selbst definiert sich durch die leidenschaftliche Freude am eigenen Sein. Lustvolle, freudige Lebendigkeit ist ein göttliches Seinsattribut und der ganzen Schöpfung inhärent. Mit anderen Worten: Alles, was ist, das will auch sein. Alles Geschaffene ist in gewisser Weise belebt, denn was nicht beseelt ist, das kann nicht sein. Alles Geschaffene will sein.

Je bewusster der Mensch sich seiner gottgegebenen Lebendigkeit ist, desto dankbarer ist er für dieses größtmögliche aller Geschenke. Im Bewusstsein der Liebe ›tobt sich das Leben aus‹ in seiner ganzen wundervollen Fülle. In der Liebe lebt der Mensch sein volles Potenzial und das Leben entfaltet sich mit ungebremster Leidenschaft und grenzenloser Hingabe. Liebe ist die göttliche Keimzelle allen Seins. Das winzige Samenkorn wird zum prächtigen Baum, denn des Lebens Ruf ist ewig unwiderstehlich. Nichts Geschaffenes kann ihm widerstehen und kein Mensch würde dem Ruf des Lebens entsagen wollen, allem irdischen Anschein zum Trotz.

Menschen wollen leben, Menschen wollen in ihr volles Potenzial hineinwachsen. Die Seele will sich ausdehnen und Leben ist Ausdehnung. Der Mensch will sich selbst erforschen, erkunden, ausprobieren und erkennen. Um der Selbsterkenntnis willen inkarniert er und er tut es mit großer Freude und Leidenschaft. Und er tut es wieder und wieder. Wie wir wissen, ist Selbsterkenntnis nicht etwa die höchste Form der Erkenntnis, sie ist die einzig mögliche. Auch wissen wir, dass Selbsterkenntnis und Liebeserkenntnis ein und dasselbe sind. Die Anziehungskraft der Liebe liegt jenseits dessen, was in Worten ausgedrückt werden kann.

Die Anziehungskraft der Liebe ist die Faszination des Göttlichen von sich selbst und sie ist wahrhaft grenzenlos. Keine Macht in der Schöpfung kann an sie heranreichen und im Grunde und in Wahrheit gibt es keine andere Macht, als die Anziehungskraft der Liebe. Vereinfacht ausgedrückt könnte man sagen, die Liebe liebt die Liebe. Dies darf uns nicht wundern, denn Liebe kann nichts als lieben und sie genügt sich selbst vollkommen, weil es nichts geben kann, was ihr hinzuzufügen wäre. Der Liebe mangelt es an nichts. Niemals. Liebe ist vollkommene Omnipotenz.

»Hier stehe ich, ich kann nicht anders!« Diese berühmten Worte von Martin Luther bezeichnen und beschreiben die Anziehungskraft der Liebe auf wunderbar einfache und dennoch eindringliche Weise. Wer liebt, der hat keine Wahl. Wer liebt, der will keine Wahl haben. Wer liebt, der will nichts als lieben. Wer liebt, der kann nichts anderes wollen. Wo Liebe ist, da gibt es nichts anderes mehr zu wählen oder zu wollen. Liebe impliziert alles. Wir wiederholen es gerne: Wer liebt, der kann nichts anderes wollen. Das ist die Faszination der Vollkommenheit. Welcher Mensch würde sich mit Laternenlicht begnügen, wenn er das Licht der Sonne haben kann?

Die Seele will wachsen. Vereinfacht ausgedrückt könnte man sagen, dass die Seele immer mehr von sich selbst erkennen will. In immer weiteren Aspekten ihres grenzenlosen Seins will sie sich selbst als die Liebe erschauen, die sie ist. Die Seele will zur Erkenntnis ihrer grenzenlosen Herrlichkeit erwachen, die doch die Herrlichkeit ihres und unser aller Schöpfer ist. Erneut lenken wir unser Augenmerk auf den einheitlichen Charakter der ganzen Schöpfung mit dem Schöpfer. Und so steht der Mensch also vor sich selbst und gleichwohl vor seinem Gott und sagt: »Hier stehe ich, ich kann nicht anders!« Und das ist gut so.

»Gott gab seiner Schöpfung nur einen
einzigen Pfeiler: die Liebe.«
Carmen Sylva

Das Lächeln des Malers

Mein lieber Freund, meine liebe Freundin, Menschen sind kreativ. Menschen – und zwar ein jeder – sind hochgradig kreativ. Ihr alle seid Künstler, Ihr seid Maler, die das Bild ihres Lebens malen. Dies tut Ihr geradezu virtuos und in begnadeter Weise. Dabei ist jedes Lebensbild so einmalig wie der Künstler selbst, der es in den lebendigen Ausdruck bringt.

Leben ist Porträtmalen. Mit jedem Atemzug, mit jedem Gedanken und mit jeder Gefühlsregung arbeitest Du an Deinem Selbstbildnis. Das Leben mischt die Farben, mit denen Du Dein Selbstporträt erschaffst. Kein Geringerer, als Dein Schöpfer selbst, stellt Dir die Farben zur Verfügung, mit denen Du freudig und nach Deinem Gutdünken arbeiten kannst. Ist die Farbpalette auch für jeden Menschen absolut einmalig, so arbeitet Ihr dennoch alle mit der Gleichen. Dein wundervolles, unbedingt einmaliges Sosein bestimmt die herrlich bunte Palette der Farben. Deine Fähigkeiten, Deine Talente, all Deine Eigenschaften und Eigenheiten sind hier vertreten. Die Farbpalette ist mit einem Fingerabdruck vergleichbar, den es so nur einmal und nie wieder gibt. Wir sagten bereits an anderer Stelle, dass es in der ganzen Schöpfung keine zwei identischen Seelen gibt. Jeder Mensch, jedes Tier, jede Pflanze und jedes Mineral ist ein absolutes, göttliches Unikat. Ist das nicht wunderbar?

Das Leben mischt also die Farben. Das, was Ihr landläufig als Schicksal bezeichnet, rührt die Farben, mit denen Ihr zu arbeiten gedenkt. In Band VI unserer Botschaften sprachen wir von der Aussöhnung mit dem Schicksal. An dieser Stelle seien Euch die entsprechenden Zeilen erneut ans Herz gelegt, denn das Schicksal mischt die Farben oftmals emsiger, als Euch lieb ist. *(Anm. der Verfasserin: mit viel Humor und tiefem Verständnis)*

Wir dürfen niemals vergessen, dass der Mensch bei seinem Eintritt in die Materie kein unbeschriebenes Blatt ist. Alles ist bestens vorbereitet, das Atelier ist hergerichtet. Der Seelenplan des Menschen wird im Vorfeld der Inkarnation mit unvorstellbarer Umsicht und Weisheit erstellt. Seelenpläne sind Pläne der Liebe und so wiederholen wir gerne unsere Aussage aus Band VI: Dein Schicksal ist Dein bester Freund!

Nun sind die Farben also gemischt. Mit Deinem ersten Atemzug geht es los, Du beginnst zu malen. Du malst also munter drauflos und das ist gut so. Mit der ungezügelten Begeisterung eines Kindes malst Du das Bild Deines Lebens. Mit jedem Deiner Schritte, mit jedem Wort und mit jeder Tat, mit jedem Gedanken und jeder Gefühlsregung, setzt Du Deine ganz individuellen Pinselstriche.

Du versuchst, Dich selbst zu erkennen. Jeder Akt Deines Lebens ist ein Akt der Selbstdefinition. So bist Du also Dir selbst auf der Spur. Pinselstrich um Pinselstrich entsteht Dein wundervolles Selbstbildnis. Du malst Dich, wie immer es Dir belieben mag. Alles, was es braucht, ist Dir gegeben. Du malst Dich so, wie Du Dich siehst, denn – wir wissen es – Deine Selbstwahrnehmung ist unbedingt und alles entscheidend. Sie ist der Dreh- und Angelpunkt jeder möglichen Wahrnehmung. Deine Wahrnehmung Gottes, Dein Gewahrsein Deiner Außenwelt und Deines ganzen Lebens steht und fällt mit Deiner Selbstwahrnehmung. An dieser Stelle sei nachdrücklich daran erinnert.

Ihr alle seid Maler, begnadete Künstler. Leben um Leben malst Du Dein wunderbares Selbstporträt. Und dann? Am Ende Deines Lebens betrachtest und begutachtest Du Dein Lebenswerk. Der Maler betrachtet sein Selbstbildnis – und lächelt. Und dieses Lächeln ist die größte Freude Gottes.

»Um ein Buch zu schreiben,
eine Tat zu vollbringen,
ein Bild zu malen, darin Leben ist,
muss man selbst ein lebendiger Mensch sein.«
Vincent van Gogh

Der Trommelwirbel des Lebens

Meine liebe Freundin, mein lieber Freund, das Leben des Menschen ist gespickt mit Herausforderungen. Diese Euch allen bestens bekannten Herausforderungen sind der Trommelwirbel des Lebens. Der Mensch weiß, was er tut, wenn er inkarniert. Jeder Mensch weiß das, immer und ausnahmslos, denn – wir wissen es – der freie Wille des Menschen ist auf ewig unantastbar. So will es die Liebe. Das Leben ist voller Herausforderungen, die so individuell sind, wie die Menschen selbst. Was dem einen ein Leichtes, das ist für den anderen schwierig. So steht Ihr also vor den Hürden Eures Lebens und müht Euch redlich, diese zu überspringen. Anlauf ist vonnöten – und auch Mut. Und Gottvertrauen! Warum ist das so?

Gottvertrauen macht die Dinge überhaupt erst machbar, denn Gottvertrauen und Selbstvertrauen sind letztlich ein und dasselbe. Dein blindes Vertrauen darin, dass Dein himmlischer Vater Dich mit allem ausgestattet hat, was es braucht, das Leben zu meistern, macht die Dinge möglich. Gottvertrauen ist also Selbstvertrauen und dies erfordert – wie könnte es anders sein – Selbstliebe. Menschen lieben die Herausforderung, oftmals allem irdischen Anschein zum Trotz.

Wer auf den Geschmack des Lebens kommen will, wer seine helle Freude daran haben möchte, der darf die Herausforderung als solche wahrlich nicht scheuen. Der Mut des Menschen ist in geistigen Welten sprichwörtlich, wir sagen Euch dies nicht zum ersten Male. Menschen sind unglaublich mutig. Menschen stellen sich ihren ganz persönlichen Herausforderungen, sowohl individuell als auch kollektiv. Im vollen Bewusstsein seiner geistigen Kräfte stellt sich der Mensch den jeweiligen Herausforderungen. Dabei weiß er nur zu gut, dass es ihn immer Lehrgeld kostet. Ja, das Leben verlangt dem Menschen viel ab, es kostet ihn Lehrgeld. Die Seele zahlt es gerne und bereitwillig, denn die Weisheit der Seele ist jenseits Eurer Vorstellungskraft. Die Weisheit der Seele ist die Weisheit der Liebe. Es gibt keine andere.

Wie gesagt, der Mensch ist im Vollbesitz seiner geistigen Kräfte. Er weiß nur zu gut, was er tut, wenn er inkarniert. Mag der Preis, den der Mensch zahlt, auch hoch sein, der Gewinn ist unglaublich größer! *(Anm. der Verfasserin: mit Nachdruck!)*

Das Leben als solches ist ein Geschenk der Liebe. Das Leben ist ein Liebesgeschenk von unermesslicher Tragweite und Bedeutung. Die Seele will wachsen. Und so nimmt der Mensch also Anlauf und rennt beherzt auf die Hürden des Lebens zu. Ist eine Hürde überwunden, dann verschwindet sie. Eine einmal überwundene Hürde ist nie wieder ein Hindernis. Es gibt keinen Rückschritt, wenn es um Seelenwachstum geht, denn was erreicht ist, das ist erreicht für alle Zeiten. Ist das nicht tröstlich und ermutigend?

So etwas wie Rückschritt kann es nicht geben, mögen die Dinge aus irdischer Sicht auch mitunter anders anmuten. Nicht selten steht der Mensch vor dem vermeintlichen Scherbenhaufen seines Lebens und hat den Eindruck, bei null anfangen zu müssen. Doch das ist ein Trugschluss. Auf Erden sind die Dinge nur selten das, was sie scheinen. Dies ist dem Wesen der Dualität geschuldet.

Vereinfacht ausgedrückt könnte man sagen, ein Problem ist nur solange ein Problem, wie Du eines daraus machst. Ein gelöstes Problem ist keines mehr. Die Herausforderung liegt darin, die für Dich stimmige Lösung zu finden. Selbsterkenntnis wäre anders kaum möglich. Selbstliebe ist der unfehlbare Wegweiser auf Deiner Suche nach Lösungen. Selbstliebe ist die Lösung. Von dieser Regel gibt es keine Ausnahme!

»Man wächst
an der Herausforderung.«
Unbekannt

Der Pfeil des Amor

Mein lieber Freund, meine liebe Freundin, Amor ist in der römischen Mythologie der Gott und die Personifikation der Liebe, genauer gesagt, des Sichverliebens. Er wird als halbwüchsiger Knabe, nicht ohne schalkhafte Bosheit aufgefasst, der mit seinen Pfeilen ins Herz trifft und dadurch die Liebe erweckt. Widerstehen kann man ihm nicht. Soweit zur Mythologie.

Ihr alle kennt diesen süßen Stich mitten durchs Herz. Immer ist es ein Ereignis ganz besonderer Art und von großer Tragweite für das ganze weitere Leben des Menschen. Einmal von Amors Pfeil getroffen, vergisst der Mensch diesen Augenblick nie wieder. Und die Mythologie hat recht, jeder Widerstand wäre zwecklos, aber wer will das schon? In genau diesem Umstand liegt die Unüberwindlichkeit der Liebe.

Seit jeher versuchen Eure Psychologen zu ergründen, was genau denn da passiert. Was ist das? Was geschieht da? Was genau passiert in diesem wundersam kostbaren Augenblick, wenn Du wie ›vom Donner gerührt‹ bist? Du bist wie von einer gewaltigen Welle erfasst, einer Gefühlswelle, die Dich und alles um Dich herum mitzureißen scheint. Was macht das mit Dir? Wie geschieht Dir? Du bist vollkommen überwältigt und erkennst Dich selbst kaum wieder. Dein Körper reagiert heftig, Wärme steigt in Dir hoch und mitunter stellen sich Schwindelgefühle ein.

Amors Pfeil hat es wahrlich in sich! Was hier geschieht, ist mit nichts anderem vergleichbar. Auch ist es nicht messbar, denn alle Maßstäbe scheinen zu fehlen. Wir haben es mit einer Urgewalt zu tun, mit einer Urgewalt der ganz besonderen Art, denn wahrlich, sie ist nicht von dieser Welt. Liebe ist die größte Macht in der Schöpfung und – wir wissen es – sie ist die einzige. Sie ist unendlich größer als alles, was Du je zu sein glaubtest. Dies wird Dir in einem einzigen Augenblick bewusst, wenn Amors Pfeil Dich trifft. Ein einziger, winziger, magischer Augenblick genügt! In diesem heiligen Augenblick steht die Zeit stille.

Die Zeit steht still. Das tut sie immer, wenn Gott selbst aus den Himmeln herabsteigt und die Welt berührt. Es mag pathetisch klingen, dennoch ist es genau das, was passiert, wenn der Pfeil des Amors trifft und die Liebe Einzug hält. Und das ist auch der Grund, warum Eure Psychologen dem Geheimnis der Liebe vergeblich nachspüren und außer Stande sind, es zu ergründen. Vor dem Geheimnis der Liebe kapituliert auch Eure wundervolle Tiefenpsychologie. Wer die Rechnung ohne Gott macht, der macht die Rechnung ohne den Wirt.

Liebe entzieht sich letztlich jeglicher Begreifbarkeit. Sie ist erfahrbar, sie wird erschaut. Liebe ist. Mehr kann man letzten Endes nicht über sie sagen und doch kann man alle Bibliotheken der Welt mit Büchern über die Liebe füllen. Liebe ist Wirklichkeit, dennoch ist sie der größte Mythos, den die Welt je gesehen hat. Warum ist das so? Weil die Liebe niemals greifbar sein wird. Wer da glaubt, die Liebe begriffen zu haben, der wird rasch eines Besseren belehrt und muss feststellen, dass die Liebe selbst ihm immer einen Schritt weit voraus ist. Immer ist die Liebe für eine Überraschung gut. Immer versetzt sie Dich in Erstaunen. Wir wollen nicht vergessen, dass die Liebe in ewiger Ausdehnung begriffen ist und so bleibt sie denn auch ein ewiges Geheimnis.

Liebe wird erschaut, begriffen wird sie niemals. Das ist deshalb so, weil die Liebe keine Kopfsache ist. Liebe ist eine Angelegenheit des Herzens. Alle Versuche, sie mit dem Verstand zu ergründen und zu fassen, müssen kläglich scheitern. Nun Ihr Lieben, Ihr versucht es dennoch, sonst würdet Ihr diese Zeilen und unsere Botschaften nicht lesen. Ihr tut es zur Freude und zur Ehre Gottes, denn Ihr lest um der Liebe willen. So dient Euch der Verstand auf wunderbare Weise. Auch das ist Liebe!

»Was wagt der freche Amor nicht!«
Ovid

Vom ewigen Frühling

Meine liebe Freundin, mein lieber Freund, der Frühling ist vielen unter Euch die liebste Jahreszeit. Er kommt nach dem Winter und vor dem Sommer. *(Anm. der Verfasserin: Regulus ist merklich belustigt ob seiner eigenen Binsenweisheit.)* Aber habt Ihr Euch je gefragt, warum Ihr ihn so mögt und genießen könnt? Der Frühling kommt nach dem Winter. Endlich ist die kalte und dunkle Jahreszeit ausgestanden. Nach vielen Monaten werden nun die Tage wieder hell und die Natur erwacht zu neuem Leben. Ihr genießt den zauberhaften Frühling deshalb so sehr, weil der Winter noch so nah ist und die Erinnerung an dunkle Tage noch so frisch. Würdet Ihr keinen Winter kennen, Ihr könntet Euch nicht am Frühling erfreuen. Das ist Dualität!

Nun träumt der Mensch vom ewig währenden Frühling. Wir sagten es in Band VIII unserer Botschaften: Ihr wollt Licht ohne Finsternis, Ihr wollt Beziehungen ohne Liebeskummer und Ihr wollt Rosen ohne Stacheln. Die Dualität beschert Euch all dies, aber eben auch das Gegenteil davon. Das muss so sein, denn innerhalb Eurer irdischen Erfahrungsrealität ist das eine ohne die Existenz des anderen nicht erfahrbar. Der ewige Frühling würde sich Eurer Wahrnehmung nicht erschließen.

Was bleibt vom Glück, dessen man sich nicht bewusst ist? Ist Glück auch dann noch Glück, wenn Du nicht weißt, dass Du glücklich bist? Wohl kaum, denn Bewusstsein ist entweder vorhanden oder eben nicht. Die Sache ist in etwa vergleichbar mit einem Blinden, der unter einem Apfelbaum sitzt. Der Apfelbaum ist da, doch gibt es keine visuelle Wahrnehmung. Nun erlangt unser Blinder seine Sehkraft wieder und plötzlich kann er den Apfelbaum sehen. So verhält es sich auch mit dem Glück. Vorhanden ist es immer, aber erst durch Dein Bewusstsein kannst Du Nutzen daraus ziehen.

Liebe ist allgegenwärtig, also muss Glück es auch sein. Doch was hast Du davon, wenn Du das nicht weißt? Was hast Du davon, wenn Du es nicht fühlen kannst? So wie die Liebe, so ersteht auch das Glück erst durch Dein Gewahrsein seiner Gegenwart zu neuem, frischen Leben und erwacht wie aus einem Dornröschenschlaf. Die Dualität ist wie der Kuss des Prinzen, der die schlafende Prinzessin erlöst. Das ist Dualität und sie ist nicht Dein Feind! Allem irdischen Anschein zum Trotz: Die Dualität ist nicht Dein Feind. Es gibt keine Feinde, so etwas ist im göttlichen Schöpfungsplan nicht vorgesehen.

Damit wir uns recht verstehen: Natürlich gibt es den ewigen Frühling. Es gibt ihn und er wartet nur auf Dich. Würde Dein Schöpfer Dir jemals eine Sehnsucht ins Herz legen, um sie dann unerfüllt zu lassen? Das würde der Liebe zuwiderlaufen. In der göttlichen Wirklichkeit, die auch die Deine ist, herrscht ewiger Frühling. Du bist gerade jetzt dabei, in seine Erkenntnis hineinzuwachsen, denn das ist der Sinn und Zweck Deines Ausfluges in die Materie und damit in die Dualität. Wir dürfen nie vergessen, dass es in der göttlichen Wirklichkeit aller Dinge keine Dualität gibt. Hier ist alles eins, hier ist alles Liebe und wir wissen, dass Liebe über der Dualität steht.

Und was ist mit dem Sommer, der ja bekanntlich dem Frühling folgt? Nun Ihr Lieben, es wird immer besser! So und nicht anders ist es in der göttlichen Wirklichkeit. Könnte der Schöpfer jemals etwas anderes für seine Kinder wollen? Der Frühling ist immer auch die Zeit der hoffnungsvollen Zuversicht, weil ihm der Sommer folgt. So steht der Frühling in unserem Bildnis, das wir für Euch zeichnen, auch symbolisch für das Gottvertrauen. Sei geduldig, gelassen und zuversichtlich. Alles kommt zu seiner Zeit!

»Der Winter liegt auf meinem Haupt,
aber der ewige Frühling ist in meiner Seele.«
Aus China

Spurensuche – I will follow him

Mein lieber Freund, meine liebe Freundin, was tut der Mensch, wenn er auf Spurensuche geht? Was bezweckt er, was bezweckt die Suche? Der Mensch sucht nach einem Beweis. Die Spur beweist ihren Urheber. Sein Leben lang, Inkarnation um Inkarnation, ist der Mensch sich selbst auf der Spur. Er sucht nach einem Beweis dafür, was er ist und letztlich sucht er zu beweisen, dass er ist. Tatsächlich ist der Mensch in der Lage, sein eigenes Sein infrage zu stellen.

Inkarnation ist ein großartiger, heiliger Akt der Selbstdefinition. Wenn der Mensch inkarniert, dann folgt er dem Ruf seines Herzens. Leben ist eine Herzensangelegenheit. Ihr inkarniert, Ihr zieht also in die Welt der Materie hinaus, weil Ihr lernen wollt, Euch selbst zu lieben. Anders ausgedrückt: Ihr wollt die Liebe in Euch selbst wiederentdecken. Und mehr noch, Ihr wollt dies unter drastisch erschwerten Umständen. Wir erinnern an die dunklen Wintertage aus dem vorangehenden Kapitel.

Einen anderen Weg der Selbsterkenntnis kann es nicht geben. Der Weg in die Herrlichkeit des Lichtes Gottes führt durch die Finsternis der Materie. Ihr lernt den Unterschied zwischen Licht und seiner Abwesenheit. Wir wissen, dass Ihr dabei nie wirklich in Gefahr schwebt, nie droht Euch wirkliche Gefahr. Es gibt keine wirkliche Gefahr! Gefahr ist immer Illusion. Ihr spielt das Spiel mit der Illusion – denn das ist es –

wahrhaft virtuos. Die Illusion von Finsternis ist eine denkbar hartnäckige und muss es sein, denn Ihr wollt es täuschend echt, wenn Euch das Spiel des Lebens Spaß machen soll. Wie zuvor schon gesagt, der Mensch liebt die Herausforderung. Im Grunde und in Wahrheit seid Ihr alle wie die Kinder, die sich austesten und ihre Grenzen ausreizen wollen. Indem Ihr Eure Grenzen ausreizt, verschiebt Ihr sie.

Die Seele ist aus Liebe geschaffen, so, wie alles aus Liebe geschaffen ist. Was aus Liebe geschaffen ist, das muss Liebe sein. Immer dann, wenn Ihr Liebe sucht, seid Ihr Euch selbst ganz dicht auf den Fersen. Immer dann, wenn Ihr Liebe findet, habt Ihr Euch selbst gefunden. Immer dann, wenn Ihr Liebe lebt, habt Ihr Euch selbst verwirklicht. Tatsächlich verwirklicht Ihr Euch selbst in der Liebe und nur in der Liebe. Eine andere Form von Selbstverwirklichung kann es nicht geben. Da und dort, wo Du liebst, bist Du wirklich Du selbst. Das ist Spurensuche vom Feinsten!

In der Liebe allein verschmelzen irdische Realität und himmlische Wirklichkeit. Der liebende Mensch erhebt sich über die Dualität. Hier wird das Vergängliche zum Ewigen. Nichts Wirkliches ist vergänglich. Gott schuf für die Ewigkeit, denn was liebt, das kann niemals Auslöschung und Ausrottung wollen. Auslöschung und Vergänglichkeit sind irdische Konzepte und ganz gewiss keine himmlischen. Selbsterkenntnis ist immer Selbstverwirklichung, sie sind ein und dasselbe.

Im Leben geht es darum, Dich selbst inmitten tiefster Dunkelheit als das Licht zu erkennen, das Du bist. In den Aspekten, in denen Du das erkannt hast, hast Du Dich verwirklicht. Eine andere Wirklichkeit als Liebe kann es nicht geben. Da und dort, wo Du der Spur der Liebe folgst, bist Du Deiner Erlösung ganz nahe.

»Sei ganz Du selbst!« Eure Welt macht viel Aufhebens um diesen oft missverstandenen und fehlinterpretierten Aufruf. Sei ganz Du selbst! Das bist Du immer dann, wenn Du Dir selbst Liebe entgegenbringst, denn sie ist die Essenz Deines Seins, der Stoff Deiner Seele. Authentischer, näher an Deiner göttlichen Wirklichkeit, kannst Du nicht leben.

»Tritt in Gottes Spuren.
Er hat deine Schuhgröße.«
Altirischer Segenswunsch

Vom blinden Seiltänzer

Meine liebe Freundin, mein lieber Freund, Ihr alle seid Seiltänzer. Wenn der Mensch in irdische Gefilde inkarniert, dann wagt er sich auf ein dünnes Hochseil. Und als ob das des Guten nicht schon genug wäre, tut er es mit verbundenen Augen, denn bei ihrem Eintritt in die Materie geht die Seele ins Vergessen. Die Seele ›vergisst‹, wer und was sie ist. Und so tastet sich der Mensch wagemutig durch sein Leben, Schritt für Schritt und Jahr um Jahr.

Von Hoffnung getragen, setzt er Fuß um Fuß vor. Die ganze Sache mit dem irdischen Hochseil wäre völlig verrückt, ja, der Mensch wäre völlig verrückt, wäre da nicht das himmlische Netz unter ihm. Doch – wir sagten es – die Seele geht ins Vergessen. Allein der Glaube an das Hochseil und die Hoffnung, dass unter ihm ein Netz sein möge, lassen den Menschen beherzt voranschreiten. Wir sprachen bereits in Band I unserer Botschaften über den irdischen Seiltanz. Hier nun begegnet er uns erneut, denn das Bild vom blinden Seiltänzer könnte Eure Erdenreise kaum treffender beschreiben.

Der Mensch fürchtet kaum etwas so sehr, wie das Versagen. Diese Angst ist der Eckpfeiler der Egoillusion schlechthin. Innerhalb der Trennungsillusion musste es unweigerlich dazu kommen. Der Seiltänzer fürchtet den Fehltritt, der unweigerlich zum Absturz führt. Das ganze Leid und Elend des Menschen beruht auf diesem Irrglauben. In seiner Verblendung ist sich der Akrobat des himmlischen Netzes unter ihm nicht bewusst, das ihn allzeit sicher auffängt. Wir sagten es, wirkliche Gefahr ist immer Illusion. Die Seele weiß, was sie tut, wenn sie inkarniert und worauf sie sich einlässt. Die dahinter stehende Weisheit ist jenseits der menschlichen Vorstellungskraft. So etwas wie Versagen gibt es nicht und kann es nicht geben. Und in der Tat, der Mensch macht im Laufe eines erfüllten und fruchtbaren Lebens viele vermeintliche Fehltritte. Sehr viele. Wie könnte es anders sein? Der Mensch ist auf der Suche nach sich selbst, er probiert sich aus. Wie könnte er sich sonst finden und erkennen? Dein Wille ist Gottes Wille für Dich. Schöpfer und Geschöpf sind eins. Wessen also bezichtigst Du Dich?

Das himmlische Netz ist die bedingungslose Liebe Gottes. Bedingungslosigkeit macht Liebe zu dem, was sie ist. Und so ist es, dass der Mensch allzeit sicher aufgefangen wird. Die Liebe selbst verbürgt sich dafür bis in alle Ewigkeit. Ihr lieben, geplagten Menschen solltet also getrost den Druck aus Eurem Leben verbannen, diesen Druck, der so schwer auf Euren Herzen lastet. Und an dieser Stelle erinnern wir mit großer Freude an die Gummistiefel Gottes, die unserem Medium so am Herzen liegen, übrigens völlig zu Recht. *(Anm. der Verfasserin: merklich amüsiert und besonders sanftmütig)*

Das Leben ist ein Spiel! So will es gelebt und verstanden sein. Wo also bleibt der Spaß? Das Leben ist ein Spiel und keine Prüfung. Und auch kein bitterer Kreuzweg, an dessen Ende die Verdammnis steht. Immer dann, wenn Du Angst hast, entgleitet Dir zwangsläufig der klare, ungetrübte Blick für den Sinn des Lebens. Der Weg durch die Irrungen und Wirrungen der Materie ist ein heiliger Weg der Erkenntnis. Die Seele weiß das bei ihrem Eintritt in die Welt und sie geht diesen Weg mit großer Freude, denn sie weiß um den Gewinn. Die Herrlichkeit Deiner göttlichen Wirklichkeit ist jenseits jeder jemals vorstellbaren und denkbaren Fiktion.

»Der liebe Gott hält die Hand über uns;
nur beim Seiltänzer muss er sie
drunter halten.«
Unbekannt

Tiefer bei Dir

Mein lieber Freund, meine liebe Freundin, das Sosein des Menschen definiert sich maßgeblich durch seine individuelle Gefühlstiefe. Gedanken sind, was sie sind, doch erst die sie begleitenden Emotionen verleihen den Gedanken ihre ganz spezifische Färbung. Die Tiefe der Gefühle verleiht den Gedanken ihre energetische Ladung. Ihr alle kennt das, Gefühle haben unterschiedliche emotionale Ladungen. Ein Gefühl kann sich anfühlen wie ein zarter, kaum merkbarer Windhauch oder aber wie eine urgewaltige Explosion.

Die wundervolle menschliche Gefühlspalette ist schier grenzenlos. Wir wissen, dass es im Grunde und in Wahrheit nur Liebe und Angst gibt. Jedes mögliche Gefühl hat seinen Ursprung entweder in der Liebe oder aber in der Angst. Die Fähigkeit zu tiefer Emotionalität ist den Menschen in unterschiedlich starker Ausprägung in die Wiege gelegt. Die Aura des Menschen, seine Ausstrahlung, ist maßgeblich davon beeinflusst. Die Gefühlstiefe ist wie ein Stempel, wie ein ganz persönlicher Fingerabdruck, der den Menschen erst zu der Persönlichkeit macht, die er ist und die ihn identifiziert.

Der Umgang des Menschen mit seinen Emotionen ist so individuell und einmalig wie der Mensch selbst. Mit Wonne wälzt Ihr Euch wohlig in angenehmen Gefühlen – völlig zu Recht übrigens – während Ihr häufig dazu neigt, schmerzliche Gefühle verdrängen zu wollen. Erst der Gefühlsreichtum des Menschen macht das Leben lebens- und liebenswert.

Den Hochsensiblen unter Euch, also all jenen, die ihr Herz über dem Verstand tragen, sei gesagt, dass Hochsensibilität nicht etwa eine Schwäche ist, sondern ein göttliches Gnadengeschenk der besonderen Art. Die Fähigkeit und Neigung zu tiefer Emotionalität macht das Leben auf Erden sicherlich nicht einfach. Es ist eine ganz besondere Herausforderung. Erst die Gefühlstiefe macht das Leben erfüllend und reich. Der Rat, man solle sich doch ein ›dickeres Fell‹ zulegen, so wohlmeinend er auch sein mag, geht an der Wirklichkeit der Dinge und am Sinn des Lebens vorbei.

Diese Welt krankt nicht an Hochsensibilität, diese Welt krankt an emotionaler Abstumpfung. Allenthalben ist sie spürbar. Ja, auch Abstumpfung ist spürbar. Wo nichts ist, da ist auch etwas, nämlich Leere, Angst und Gleichgültigkeit. Der Volksmund sagt: »Wer nicht hören will, muss fühlen.« Wir aber sagen Euch, wer nicht lieben will, muss fühlen! Wer nicht lieben will, der muss die Angst fühlen, denn etwas anderes gibt es nicht. Wer nicht lieben will, der muss Angst ertragen.

Eure tiefsten Gefühle sind Euer größter Reichtum und Euer wertvollster Schatz. Je tiefer das Gefühl, desto größer die Lebendigkeit. In Deinen tiefsten Gefühlen bist Du ganz bei Dir selbst. Je näher Du Dir selbst bist, desto näher bist Du Gott, denn Du und Er seid eins. Deine Gefühle sind die Brücke zu Dir selbst, zu Deinen Mitmenschen, zu uns und auch zu Gott. Sie sind die Brücke zu allem, was ist.

Viele unter Euch fürchten ihre Gefühle. Innerhalb der Trennungsillusion des dualen Erlebens ist dies kaum völlig vermeidbar und auch nachvollziehbar, denn Ihr könnt Angst empfinden. Dies hat die ganze Palette schmerzlicher Gefühle im Gepäck, derer Ihr fähig seid, als da wären Hass, Missgunst, Zorn oder Eifersucht, um nur einige zu nennen. Sie dürften Euch allen besser vertraut sein, als Euch lieb sein kann. In Band VI unserer Botschaften haben wir diese Aspekte menschlicher Leiderfahrung als die ›Schatten der Angst‹ bezeichnet. An dieser Stelle seien Euch die entsprechenden Textstellen erneut ans Herz gelegt. All dies könnt Ihr empfinden. Dennoch bleiben wir dabei: Eure Gefühle sind Euer wertvollster Schatz!

Was, wenn nicht bedingungslose Selbstliebe könnte solcherlei Schmerz heilen? Die liebevolle, fürsorgliche Akzeptanz des eigenen Soseins erfüllt Dein Herz mit dem nötigen Mut, Dich solcherlei Gefühlen tapfer zu stellen und sie alsdann zu heilen. Was bleibt, ist Liebe und nichts als Liebe.

»Wer sich im freien Fall in die Tiefe
der Gefühle stürzt, begibt sich in die
sichere Hand der Liebe.«

Unbekannt

Das Echo der Glückseligkeit

Meine liebe Freundin, mein lieber Freund, der Himmel ist kein Ort, der Himmel ist ein Zustand. Und tatsächlich ist er der einzig wirkliche Seinszustand, für Dich, für uns und für die ganze Schöpfung. Der Himmel ist die Wahrnehmung der ewigen Einheit mit Gott und somit mit allem, was ist. Wenn der Mensch inkarniert, dann geht er bewusst und aus freiem Willen in die Trennungswahrnehmung hinein. Er verlässt also den Himmel – scheinbar.

Die Einheit von Schöpfer und Schöpfung ist eine ewige. Was aber ewig ist, das ist immer und überall gegeben. Wie im Himmel, so auf Erden. Es ist also allzeit unmöglich, dass es Dir an Gottnähe mangelt. Es mangelt Dir lediglich an der Wahrnehmung dieser ewig gültigen Tatsache. Du trägst den Himmel in Dir, wo, wenn nicht dort, sollte er sein? Ebenso trägst Du Deine Hölle in Dir. Mehr Hölle als den Glauben an Trennung und Entfernung von Gott kann es nicht geben. Dieser Glaube an Trennung gebiert zwangsläufig Angst, denn – Dich nunmehr als ein getrenntes Wesen wahrnehmend – bist Du Dir der Liebe des Schöpfers nicht mehr bewusst.

Angst ist Hölle und Hölle ist Angst. Weil Ihr Angst empfinden könnt, sind eine ›echte‹ Hölle und ewige Verdammnis für Euch vorstellbar. Wo keine Angst ist, da sind derlei Gedankenkonstrukte vollkommen unmöglich. Im Himmel kann derlei nicht gedacht werden. Hier, im Lichte der Wahrheit, ist die göttliche Wirklichkeit völlig offenbar. Ihr aber entscheidet Euch, wie gesagt bewusst und aus freien Stücken, für die Trennungswahrnehmung. Dies tut Ihr aus den denkbar besten Gründen. Die Dualitätserfahrung erlöst Euch. Sie erfüllt die Seele mit Bewusstsein. Sie ermöglicht Euch, den Himmel bewusst wahrzunehmen und damit, Glückseligkeit zu empfinden. Das ist Seelenwachstum! Was, wenn nicht die Mehrung des Glücks könnte jemals Sinn und Zweck jeglicher Inkarnation sein?

Uns allen ist bewusst, dass Glückseligkeit nur in der Liebe gefunden werden kann. Jeder winzige Liebeshauch, den Du empfindest, ist ein Echo, es ist ein Widerhall des Himmels, ein Echo der Glückseligkeit. Ihr alle sehnt Euch in den Himmel zurück, völlig zu Recht. Gottes Ruf ist unüberhörbar und Eure Sehnsucht wirkt wie ein Resonanzboden, der den Klang des göttlichen Rufes verstärkt. Liebe ist allzeit unwiderstehlich.

Ihr alle sehnt Euch also in den Himmel. Und genau diese Sehnsucht ist es, die den Himmel beweist. Würde Gott Euch je eine Sehnsucht ins Herz legen, um sie dann unerfüllt zu lassen? Derlei Absurdität ist einzig in der Dualität vorstellbar. Gott treibt kein sadistisches Spiel mit seiner Schöpfung. Er lockt nicht mit Scheinangeboten. Gott sei Dank ist nicht nur eine Hölle, sondern auch der Himmel für Euch vorstellbar. Könntet Ihr Euch einen Himmel nicht vorstellen, dann könnte es auch keinen geben. Doch Ihr könnt Euch den Himmel vorstellen. Dies könnt Ihr, weil Ihr lieben könnt. Und nur, weil Ihr lieben könnt. Der Himmel ist Wirklichkeit, weil Ihr lieben könnt. Liebe ist Himmel und Himmel ist Liebe.

Eure Sehnsucht weist Euch allzeit den rechten Weg. Sie ist

die Triebfeder, die Euch die Himmelsleiter mühelos emporklimmen lässt. Die Mehrung des Glücks ist also Sinn und Zweck Eures Erdendaseins. Dabei ist Liebe nicht nur der kürzeste Weg in den Himmel, sie ist der einzige. Jeder, der wahrhaft liebt, weiß das auch hier, schon zu Erdenzeiten. Wie gesagt, das Reich Gottes ist immer und überall. Es ist schon da! Es ist in Dir.

»Des Menschen Schultern
können auf Erden viel tragen,
wenn das Herz im Himmel ist.«
Julie Eyth

Wenn den Träumen Flügel wachsen

Mein lieber Freund, meine liebe Freundin, wenn der Mensch inkarniert, dann hat er sich naturgemäß allerhand vorgenommen. Der Pläne, Wünsche und Träume sind da viele. Und das ist gut so. Eure Sehnsüchte, Eure Träume, sind Euch wertvolle Wegweiser und Orientierungshilfen auf der Suche nach Euch selbst. Träume sind kein Zufall. Die Seele weiß, was sie will, wenn sie ihrer selbstgewählten Bestimmung entgegengeht.

Doch wie beflügelst Du Deine Träume? Wie verwirklichst Du sie? Wenn der Mensch zur Selbstliebe erwacht, dann hat er immer auch ganz viel Selbstvertrauen im Gepäck. Das eine zieht das andere zwingend nach sich. Selbstliebe und Selbstvertrauen gehen immer Hand in Hand. Das Selbstvertrauen ist die eineiige Zwillingsschwester der Selbstliebe. Selbstvertrauen ist das Rüstzeug des Lebens schlechthin und wirkt wie ein kräftiger Rückenwind. Wenn das Leben über holprige Straßen führt, dann tut Selbstvertrauen wahrlich Not.

Hier, im Lichte der Einheit, ist Selbstvertrauen die selbstverständlichste Sache der Welt. Wir wissen, dass Selbstvertrauen und Gottvertrauen ein und dasselbe sind. Nicht so in Eurer Welt, denn die Trennungsillusion vereitelt die Wahrnehmung der Einheit mit Gott. Und so ist Selbstvertrauen Euch nicht in die Wiege gelegt. Ihr fühlt Euch allein, Ihr fühlt Euch getrennt, Ihr fühlt Euch auf Euch selbst gestellt. Gefühle von hilfloser Machtlosigkeit machen sich breit und das ist erst einmal beängstigend.

Je mehr der Mensch zur Selbstliebe erwacht, desto bewusster ist ihm die ewige Verbindung mit seinem Schöpfer. Ohne Selbstliebe hingegen ist die Einheitswahrnehmung niemals möglich. Selbstliebe ist also auch hier der Schlüssel, das ist sie immer und überall. Selbstliebe ist der Schlüssel, der in jedes Schloss passt. Fühlst Du Dich eins mit Deinem Schöpfer, dann fühlst Du Dich unbesiegbar und – in der Tat – das bist Du! Na, wenn das kein Selbstvertrauen ist!

Selbstvertrauen ist also der Rückenwind des Lebens. Mit Selbstvertrauen wachsen Deinen Lebensträumen Flügel, weil Dir Flügel wachsen. Dir ist alles gegeben, was es braucht, Deine Träume zu verwirklichen, doch erst im Gewahrsein Deiner Einheit mit Gott kannst Du es erkennen. Freudig ergreifst Du Deine gottgegebene Schöpferkraft, denn nunmehr fühlst Du Dich macht- und kraftvoll. Mit anderen Worten: Du fühlst Dich so, wie Du bist.

Doch Selbstvertrauen kann noch mehr. Ein Segen kommt niemals allein. Wir wiederholen es gerne für die Pessimisten unter Euch: Ein Segen kommt niemals allein! Mit dem Selbstvertrauen potenziert sich die Lebensfreude, ja, es macht die Freude am Leben überhaupt erst möglich. Der Mensch ist ein schöpferisches Wesen, denn er ist eins mit Gott. Wenn Du das vergisst, dann hast Du übersehen, wes Geistes Kind Du bist. Menschen wollen erschaffen. Menschen wollen bewegen und bewirken. Menschen wollen hervorbringen, erzeugen und schöpfen.

Unsere treuen Leser wissen, wie viel uns am Spaßfaktor in Eurem Leben gelegen ist. *(Anm. der Verfasserin: augen-*

zwinkernd) Der Mensch will sich und die Welt ausprobieren, er will Grenzen ausloten und sehen, wohin das Leben ihn führt. Und er will Spaß dabei haben! Ein freudloses Leben ist ein tragisches Leben, vor allem aber ist es ein missverstandenes. Humor, Freude und Spaß sind göttliche Seinsattribute und somit unverzichtbar. Außerhalb der Freude ist Gottnähe also unmöglich. Dies sei all jenen unter Euch gesagt, die aus der Suche nach Gott eine bitterernste Angelegenheit machen oder glauben, machen zu müssen. Nichts ist weiter entfernt von der Wahrheit. Vielmehr sollte die Suche nach Gott der Karneval Eures Lebens sein.

»Die Seele aller gelingenden Tätigkeit
ist doch das tiefe Selbstvertrauen.«
Wilhelm von Humboldt

Die größte aller Lieben

Meine liebe Freundin, mein lieber Freund, wir wissen, dass es so etwas wie ›ein bisschen‹ Liebe nicht gibt und nicht geben kann. Liebe gibt sich immer ganz und gar hinweg, davon war schon öfter die Rede. Der *Kurs in Wundern* sagt es mit den Worten: »Alle Äußerungen der Liebe sind maximal.« Liebe hat zahllose Facetten und Aspekte, die sich der Erforschung anbieten. All dies haben wir erkennen dürfen und so ist es nicht weiter verwunderlich, dass die Kapitelüberschrift Euch verwirrend und widersprüchlich erscheint.

Keine Liebe kann größer sein als eine andere, kein wichtiger und bedeutender. Was wir hier – zugegeben ein wenig provokant – in den Raum stellen, ist die Bedeutung der ersten Liebe. Sie wirkt wie eine Initialzündung und ist in jedem Falle prägend für das ganze weitere Leben. Kein Wunder also, dass sich wohl ein jeder unter Euch an diesen magischen Augenblick in seinem Leben erinnert, als die Liebe ihm zum ersten Mal begegnete. Damals wusstest Du kaum, wie Dir geschah. Doch Du konntest deutlich spüren, dass etwas Großes, etwas Gewaltiges, mit Dir geschah.

Hat der Mensch erst einmal vom süßen Nektar der Liebe gekostet, dann lässt ihn die Sehnsucht kaum je wieder los. Sein ganzes weiteres Leben wird er bestrebt sein, diesen seligen Zustand wiederherzustellen. Die erste Liebe ist mehr als ein Phänomen pubertierender junger Menschen, mehr als ein launisches Spiel der Hormone. Die erste Liebe ist der erste

Ruf Gottes nach seinem Kinde in diesem jeweiligen Leben. Und obwohl es sich um den erstmaligen Ruf handelt, so wisst Ihr doch alle, dass es sich bei diesem seltsamen Fieber, das von Euch Besitz ergreift, um Liebe handelt. Die Seele kennt die Liebe, das tut sie immer und ausnahmslos. Im Laufe seines Lebens muss der Mensch naturgemäß vieles lernen, aber nicht, was Liebe ist. Niemand muss das, da mag der irdische Anschein täuschen. Niemand muss lernen, was Liebe ist! Das ist der Wiedererkennungswert Gottes! Liebe ist die Essenz Deiner Seele, der Stoff, aus dem Du gemacht bist. Du erkennst Dich selbst wieder und damit Deinen Schöpfer. Wärst Du nicht aus Liebe gemacht, wie könntest Du sie erkennen?

Wie könntest Du wissen, wie Liebe sich anfühlt? Auch dürfen wir nicht vergessen, woher Du kommst, wenn Du in irdische Gefilde inkarnierst. Die Liebe ist Dir also bestens vertraut. Mehr Beweis für Deine himmlische Heimat und für Dein göttliches Erbe kann es nicht geben. Die erste Liebe ist also die Initialzündung für Dein ganzes weiteres Leben. Sie weist Dir den Weg und gibt die Richtung vor, in die Du gehen willst. Wie immer Du die Liebe zu leben gedenkst, wie auch immer Du ihr lebendigen Ausdruck verleihen wirst, das steht Dir völlig frei. Doch die Liebe als solche wird Dich kaum je loslassen, denn ihre Anziehungskraft ist auf ewig unwiderstehlich. Wer je geliebt hat, der kann nie wieder etwas anderes wollen. Damit wir uns recht verstehen: Liebe ist vollkommenes Loslassen, es ist das Dabei-belassen-Wollen. Liebe lässt frei, Liebe ist Freiheit. Und in genau diesem Umstand liegt die ganze Magie ihrer unwiderstehlichen Anziehungskraft.

Denke also mit freudiger Erinnerung an Deine erste Liebe zurück, damals, als Dein Herz zum ersten Mal erbebte. Du hast ihr viel zu verdanken, damals, als Gott Dir zum ersten Male die Hände reichte.

»Nichts ist heiliger in unserem Dasein
als das erste Fühlen der Liebe – jenes erste
Bewusstsein einer wundersamen Regung.«
Henry Wadsworth Longfellow

Wie ein Stern am Himmelszelt

Mein lieber Freund, meine liebe Freundin, die wunderschönen Sterne am nächtlichen Himmel sind für viele von Euch die Hoffnungsträger par excellence. Mit ihrem stillen Licht in weiter Ferne erinnern sie Euch daran, dass es mehr gibt, sehr viel mehr, als Eure kleine Welt mit ihren großen Sorgen. Die Sterne sind stumme Zeugen einer sehr viel größeren Wirklichkeit als die Euch bekannte. Ist das nicht tröstlich?

Allenthalben in Eurer Welt herrscht geschäftiges Treiben. Die Sterne scheint das wenig zu beeindrucken. Sie stehen am Himmelszelt und schenken Euch ihr wunderschönes Licht. Sie tun nichts, sie sind einfach nur für Euch da. Ja, Ihr Lieben, für Euch sind sie da, sonst wären sie es nicht und könnten es auch nicht sein. Auch wir tun nichts, wir sind einfach nur für Euch da. Auch der Schöpfer tut nichts, Er ist einfach nur für Euch da.

Dennoch ist alles getan, was getan werden kann, für alles und jeden ist auf vollkommene Weise gesorgt. Alles ist vollkommen gefügt. Wie kann das sein? Was geht da vor? Wir haben es hier mit völliger Passivität zu tun, die gleichwohl hochgradig aktiv ist in ihren Wirkungen, Passivität und Aktivität zugleich. Was wir hier in Worte zu fassen versuchen, ist ein Konzept jenseits der Dualität, das dürfte klar sein, denn hier verschmelzen scheinbare Gegensätze zu vollkommener

Einheit. Wir ringen um Worte, wenn wir das Unbenennbare benennen und in irdische Begrifflichkeiten packen wollen. Hochgradige Aktivität bei völliger Passivität, reine, pure Präsenz: Das ist Liebe!

Wenn die reine Präsenz genügt, wenn es mehr nicht geben kann, wenn der Präsenz nichts hinzugefügt werden kann, dann ist es Liebe. Wir sagten es oft und wiederholen es an dieser Stelle gerne und mit Nachdruck: Liebe genügt, das tut sie immer. Du zweifelst daran? Dann sieh in den Sternenhimmel. Oder sieh einem geliebten Menschen tief in die Augen, das ist dasselbe. Der geliebte Mensch, er ist einfach nur da, er tut nichts, genauso, wie die Sterne am Himmel. Und doch ist alles getan. Das vermag allein die Liebe.

Menschen sind Sterne. Jeder von Euch ist ein strahlender Stern am Himmel, auch Du bist das. Du zweifelst daran? Dann frage den Menschen, der Dich liebt. Du bist von lauter Sternen umgeben. Du zweifelst daran? Dann sieh in die Augen der Menschen, die Du liebst. Licht ist Liebe und Liebe ist Licht. Liebe genügt, so, wie das Licht dem Baum genügt. Alles andere, was es braucht, wird dazugegeben. Licht ist alles, was es braucht, weil Liebe alles ist.

Wir ringen um Worte, so, wie wir es immer tun, wenn es darum geht, die unermessliche Tragweite der Liebe in irdischkompatible Worte zu fassen. Und dennoch können sich Worte dem immer nur annähern und im Grunde und in Wahrheit können Worte noch nicht einmal das. Der prachtvolle Sternenhimmel mit seinen unendlichen Weiten kann Euch ein Bild von der Größe und Herrlichkeit Gottes vermitteln.

Liebe in ihrer reinen, puren Präsenz hat die ganze Schöpfung hervorgebracht. Wenn Du liebst, dann tust Du nichts, dennoch ist alles getan, was je getan sein kann. Mehr Aktivität und größere Lebendigkeit kann es niemals geben, denn nur Liebe ist Leben. Liebe schenkt und verleiht Leben, weil Liebe Leben ist.

Der Sternenhimmel ist Dein Spiegel, so wie alles im Außen Dich spiegelt. Am Nachthimmel kannst Du die Sterne sehen, doch in Deinem Herzen kannst Du sie erschauen! Alles ist in Dir. Und plötzlich weißt Du: Du bist der Stern am Himmelszelt!

»Immer wo die Liebe aufsteht,
ist der erste Schöpfungstag!«
Ernst von Wildenbruch

Außerhalb vom Glockenschall

Meine liebe Freundin, mein lieber Freund, in der christlichen Tradition ruft der Klang der Glocke die Gläubigen zum Gebet und erinnert an die Verbindung mit Gott. Ihr Schall ist weithin hörbar. Die Verbindung der Schöpfung mit dem Schöpfer ist allgegenwärtig. Nichts kann es jemals geben, das da außerhalb des Göttlichen wäre. Mit anderen Worten: Deine Einheit mit Gott ist immer und überall.

Ist der Mensch einmal inkarniert, dann ist er sich dieser Verbindung nicht mehr bewusst, denn nunmehr unterliegt er der Dualität. Hier trügt der Schein, das ist das Wesen der Dualität. Innerhalb des dualen Erlebens ist Einheit nicht wahrnehmbar. Wir wissen, dass allein die Liebe in der Lage ist, diese Hürde zu überwinden, denn in der Liebe – und nur hier – ist Einheit erfahrbar. Deine Einheit mit Gott ist also allgegenwärtig. Wie im Himmel, so auf Erden. Der Mensch wähnt sich auf Erden getrennt und allein, doch das ist ein Trugschluss, denn er ist niemals und nirgendwo außerhalb vom Glockenschall. Derlei ›Zonen der Gottlosigkeit‹ gibt es nicht und kann es nicht geben. In der Schöpfung gibt es keine toten Winkel, keine gottlosen Orte. Nie und nirgendwo kann es sein, dass Du übersehen oder vergessen bist. Wir wiederholen es gerne: Nie bist Du vergessen!

Oftmals wähnst Du Dich außerhalb vom Glockenschall, doch das ist ein Irrtum, das ist es immer. Dabei steht es Dir überall und zu jeder Zeit völlig frei, Dich in den Glockenschall zu begeben. So Du Dein Herz für Dich selbst öffnest, kannst Du den süßen, ewigen und allgegenwärtigen Klang der Glocke vernehmen.

Der sanfte Ruf Gottes ist in der ganzen Schöpfung hörbar. Niemals kann er verstummen, denn die Liebe des Schöpfers ist eine ewige. Wir wissen, dass Liebe sich niemals aufdrängt, das will sie nicht, das kann sie nicht wollen, denn dann wäre Liebe nicht Liebe. Was immer da drängen mag, sei es, was es da wolle, aber ganz gewiss keine Liebe. Es steht Dir völlig frei, den Ruf Gottes zu vernehmen oder zu überhören. Du hast die freie Wahl. Du hast die freie Wahl, denn die Liebe als solche bleibt Dir auf ewig gesichert. Wenn dem nicht so wäre, dann wäre Liebe nicht Liebe.

Der Mensch hat die freie Wahl und weil er weise ist, macht er davon Gebrauch. Er inkarniert und nunmehr wähnt er sich in einer Zone außerhalb des Glockenschalls. Der schrille Schrei der Angst scheint den süßen Klang der Glocke oftmals zu übertönen. Wir wissen jedoch, dass Angst immer Illusion ist. Von dieser Regel gibt es keine Ausnahme. Es gibt keine von Angst eroberten Gebiete in der Schöpfung, nicht einen Millimeter, denn Illusion ist Illusion. Wir haben gesehen, dass es solche toten Winkel nicht geben kann. Liebe ist immer und überall erfahrbar, weil Gott allgegenwärtig ist.

Du sehnst Dich nach dem süßen Klang der Glocke. In Deinem Herzen ist er allzeit hörbar. Öffne es für Dich selbst! Selbstliebe ist allzeit der Schlüssel. Es gibt keinen anderen. Warum ist das so? Weil Du eins bist mit Gott. Gott ist Liebe und Liebe ist Gott. Die Lösung außerhalb der Liebe zu suchen käme dem sinnlosen Unterfangen gleich, einen Hund zu kaufen, wenn Du eine Katze willst. Die Dinge sind allzeit, was sie sind. So einfach ist das!

Große Dinge sind immer einfach und Gott ist unermesslich groß. Gott will verstanden werden! Gott will gehört werden! Gott will erschaut werden! Und nun kannst Du ihn hören, deutlich kannst Du ihn vernehmen, den süßen Klang der Glocke, der Dich ewig bei Deinem Namen ruft. Du hörst den lieblichen Glockenklang, der Dir ewig nur eines sagen will: Liebe ist.

»Je länger eine Glocke geläutet wird,
umso schöner wird der Ton.«
Sebastian Kneipp

2. Teil

Angst – Wenn das Leben in Ohnmacht fällt

Des Packesels Müdigkeit

Mein lieber Freund, meine liebe Freundin, ein Menschenleben ist nie einfach. Wir werden nimmer müde, Euch unsere Bewunderung und unsere Ehrerbietung zu zollen, denn der Weg durch die Materie ist wahrlich beschwerlich. Wir wissen das und Ihr wisst es auch. Im Laufe seines Lebens kämpft der Mensch mit zahllosen Herausforderungen, so will es ihm scheinen, denn im Grunde und in Wahrheit gibt es nur eine. Liebe oder Angst, das ist die einzige Frage, die sich dem Menschen stellt und stellen kann, wenn auch in zahllose unterschiedliche Gewänder gekleidet.

Euch jedoch, die Ihr in der Materie und damit in der Dualität seid, muten die Dinge nicht so einfach an. Ihr seht Euch mit zahlreichen Problemen und Schwierigkeiten konfrontiert, die nichts mit Liebe oder Angst zu tun haben – scheinbar. Die Last Eurer Alltagssorgen scheint Euch oftmals schier zu erdrücken und nicht selten glaubt Ihr, die ganze Welt habe sich gegen Euch verschworen. Nun, das ist die Rolle der Welt in diesem Spiel mit der Illusion und die Welt spielt ihre Rolle gut.

Die Trennungsillusion hat wahrlich ganze Arbeit geleistet und so sitzt des Menschen Glaube an Schuld, Sünde und menschlichem Makel tief. Wie wir wissen, ist das die Geburtsstunde des Ego. Auch wissen wir, dass Deine wahre Identität davon völlig unberührt bleibt. Wir erinnern an den

Kurs in Wundern: »Nichts Wirkliches kann bedroht werden.« Mit anderen Worten: Du bist ewig das, was Gott schuf. Deine göttliche Identität ist allzeit gesichert. Jedoch steht es Dir völlig frei, wie Du Dich selbst wahrnehmen willst.

Der Mensch bürdet sich sehr viel auf. Bei seiner unermüdlichen Suche nach sich selbst packt er sich eine Last nach der anderen auf die Schultern, bis er schließlich unter der Last zusammenzubrechen droht. Wen darf es da noch wundern, wenn Ihr alle ›lebensmüde‹ seid. Ihr alle seid müde vom Leben. Ein Leben in der Dualität ist immer ermüdend, das liegt in der Natur der Sache. Nicht ohne Grund sehnt Ihr Euch also alle zutiefst nach Erholung. Doch wo und wie könnt Ihr Erholung finden?

Nichts sammelt und bündelt die Lebenskraft so sehr, wie Selbstliebe. Selbstliebe mobilisiert Kräfte von ungeahntem Ausmaß. Sie wirkt wie eine nie versiegende Tankstelle, an der Du Dich jederzeit aufladen kannst. Warum ist das so? Wenn Du Dich selbst liebst, dann verbündest Du Dich mit Deinem Schöpfer und mehr Kraft kann es niemals geben. Selbstliebe kommt von Gott, Selbstliebe ist Gott, der sich selbst in Dir wiedererkennt. Alle Liebe ist doch nur eine. Kann es für Dich einen mächtigeren Verbündeten geben? Unvorstellbar ist die Macht der Liebe Gottes und sie steht Dir allzeit frei zur Verfügung.

Der Mensch ist kein Packesel, dennoch lebt er, als sei es so. Das Leben will freudig ergriffen und durchtanzt werden, so ist es gemeint und zu diesem Zweck ist es gegeben. Wenn Du Dich nun fragst, wie lange Du denn noch die Lasten des Lebens tragen musst, dann ist schon viel gewonnen, denn dann stellst Du die Notwendigkeit der Last zumindest infrage. Du musst die Lebenslast so lange tragen, wie Du es willst, genauer gesagt, so lange, wie Du glaubst, es tun zu müssen. Die Befreiung von der Lebenslast liegt allein in Deiner Erkenntnis ihrer Sinnlosigkeit.

Selbstliebe öffnet die Augen, weil sie das Herz öffnet. Sie klärt Deinen Blick auf das Leben. Entscheide Dich für Dich selbst und nicht länger gegen Dich und die Last wird von Dir abfallen, als wäre sie nie gewesen. Und plötzlich wirst Du erkennen, dass immer nur Du selbst es gewesen bist, der Dir die Lasten aufgebürdet hat. Das Leben ist nicht gegen Dich, das war es nie! Alles ist gegeben, Dir zu dienen. Von dieser Regel gibt es keine Ausnahme.

»Liebe bringt selbst
den Esel zum Tanzen.«
Aus Frankreich

Wer nach fremder Pfeife tanzt

Meine liebe Freundin, mein lieber Freund, kaum etwas ist wertvoller, als des Menschen Freiheit. Doch was ist Freiheit? Was macht sie aus? Müssten wir den Begriff Freiheit kurz und zusammenfassend auf einen Nenner bringen, dann würden wir sie als die Freiheit der Selbstdefinition bezeichnen. Freiheit ist die Möglichkeit, ganz Du selbst zu sein.

Die Sehnsucht des Menschen nach freier Selbstdefinition ist ihm zutiefst ins Herz gelegt. Menschen wollen sich selbst erkunden und erforschen. Das ist Sinn und Zweck des Lebens auf Erden. Der Mensch will sich ausprobieren und sehen, was für ihn geht und was nicht. Erst die gelebte Erfahrung lehrt den Menschen, was für ihn stimmig ist und was nicht.

Nun ist es in Eurer Welt mit der Freiheit nicht zum Besten bestellt, zumindest auf den ersten Blick, denn wir wissen, dass in Eurer Welt die Dinge nur selten das sind, was sie scheinen. Allenthalben seht Ihr Euch äußeren Zwängen ausgesetzt und hilflos ausgeliefert. Ihr fühlt Euch vom Leben gezwungen und genötigt, nach fremder Pfeife zu tanzen. Dies ist aus Eurer Sichtposition völlig nachvollziehbar und diese Tatsache soll hier keineswegs vor Gericht stehen.

Doch die Wirklichkeit hinter dem äußeren Anschein ist eine andere, denn in jedem Augenblick Deines wundervollen Lebens hast Du die Wahl. Du hast die Wahl, wie Du Dich selbst wahrnehmen und somit definieren möchtest. Dabei steht es

Dir völlig frei, Dich als hilf- und machtloses Opfer der Umstände zu sehen, oder aber Dich auf Deine göttliche Herkunft zu besinnen und Dich Deiner selbst und somit Deines Lebens zu bemächtigen. Das tust Du, indem Du Dich selbst vorbehaltlos bejahst: Ein klares »Ja!« zu Dir selbst und zu allem, was Du tust und unterlässt. Das ist Freiheit! Du hast die Freiheit, das zu wollen, was ist: Du hast die Freiheit, Dein wundervolles, einmaliges Sosein bedingungslos zu akzeptieren.

Wir wissen um die Spiegelfunktion der Außenwelt. Alle Unfreiheiten, alle Zwänge in Eurer Außenwelt spiegeln Euch Euer Inneres. Hier gilt es also, den Hebel der Veränderung anzusetzen. Erlösung kommt immer von innen. Es gibt kein ›Außen‹. Alles ist eins und es ist in Dir. Solange Du Dir selbst Dein vorbehaltloses »Ja!« vorenthältst, solange Du Dich selbst innerlich in Ketten legst, rasseln auch die Ketten im Außen.

Es mag auf den ersten Blick erstaunen, dass Menschen die Freiheit fürchten. Tatsächlich fürchtet der Mensch die Freiheit, denn er misstraut sich selbst. Freiheit ist die Freiheit der Selbstdefinition. Solange Du Dich selbst mit Misstrauen beäugst, kannst Du kaum Freiheit anstreben, denn Du fürchtest Ungemach, Verderben und Untergang. Freiheit ist also nur in der Selbstliebe möglich, sie gehen Hand in Hand, denn Freiheit ist die einzig mögliche und direkte Konsequenz der Selbstliebe.

Der Mensch tanzt oftmals nach fremder Pfeife und sieht nicht, dass es doch seine eigene ist. Letztlich gibt es keine fremden Pfeifen, denn immer bist Du es selbst, der sich unter das Joch eines anderen begibt. Wie auch immer Du Dich zu leben entscheidest, immer entspricht es Deinem Selbstbildnis. Wie gesagt, Deine Außenwelt spiegelt Dir in jedem Falle getreulich Deine Selbstwahrnehmung. Und hier schließt sich der Kreis und wir wären wieder bei Deiner Freiheit, denn Du hast allzeit die freie Wahl, wie Du Dich selbst wahrzunehmen gedenkst.

Und an diesem Punkt unserer Nachdenklichkeiten kommt das Gottvertrauen ins Spiel. Vertraust Du der Liebe? Vertraust Du Deiner göttlichen Herkunft? Wir sagten es bereits, Gottvertrauen und Selbstvertrauen sind ein und dasselbe. Was also fürchtest Du zu finden auf Deiner Reise zu Dir selbst? Gott gibt Dir freies Geleit durch Dein Leben. Tue Du es auch!

»Die Vorstellung, welche der Mensch
von Gott hat, entspricht der, welche er
von sich selbst, von seiner Freiheit hat.«

Georg Wilhelm Friedrich Hegel

Wenn das Bild schief hängt

Mein lieber Freund, meine liebe Freundin, die ganze Schöpfung ist von einem natürlichen Selbstwertgefühl beseelt. Im Grunde und in Wahrheit ist das naturgegebene Gespür für den eigenen Wert die selbstverständlichste Sache der Welt. Die Legitimation einer Sache liegt in ihrer Existenz als solche. Das ist die Logik Gottes, denn was ist, das soll und will sein. In Gottes Schöpfungsplan gibt es keine Fehler und keine Irrtümer. Genau dafür hält sich der Mensch jedoch nicht selten und wäre die Sache nicht so tragisch, dann entbehrte sie nicht einer gewissen Komik.

In der Tat, man muss Mensch sein, man muss inkarniert sein, um derlei Gedanken hegen zu können. Im Lichte der Einheit ist so etwas völlig unmöglich. Doch Menschen haben die Wahl, sie wollen die Wahl haben. Die Infragestellung des eigenen Selbstwertes ist letztlich das Infragestellen der eigenen Daseinsberechtigung. Dies ist einer der schwierigsten Aspekte des Lebens in der Dualität, weil der grundsätzlichste.

Wenn es mit dem eigenen Selbstwertgefühl nicht zum Besten bestellt ist, dann hängt das Bild des eigenen Lebens schief und auf die ein oder andere Weise kann ein jeder von Euch ein Klagelied davon singen. Der Mensch ist blind für die Vollkommenheit der Schöpfung und somit auch für seine eigene. Der Schöpfer schafft nach seinem Bilde, alles andere wäre völlig unmöglich. So unsinnig die Vorstellung auch sein mag, dass Gott etwas erschaffen hat, das weniger vollkommen ist als Er selbst, der Mensch hat sie sich angeeignet. Das ist Leben innerhalb der Dualität: Ihr erkennt Gott nicht, weil Ihr Euch selbst nicht erkennt und Ihr erkennt Euch selbst nicht, weil Ihr Gott nicht erkennt. Wir wissen, dass das eine das andere bedingt, denn alles ist eins.

An anderer Stelle sagten wir, dass es letztlich unsinnig ist, sich selbst und damit Gott einen Wert beizumessen, denn Schöpfer und Schöpfung sind jenseits jeglicher Messbarkeit. Welchen Maßstab könnte man ansetzen? Gott ist das Maß aller Dinge. Wenn wir hier von Deinem Wert sprechen, dann ist dies keinesfalls ein Widerspruch. Selbstwertgefühl ist letztlich nur ein anderes Wort für Selbstliebe. Und schon erkennen wir, wie wir das Bild Deines Lebens geraderücken können.

Alles im Leben steht und fällt mit Deiner Selbstwahrnehmung, wir werden nimmer müde, Euch diese ewige Tatsache ins Gedächtnis zu rufen und ihre Auswirkungen von allen Seiten zu betrachten. Was also ist zu tun, wenn Dein Bild schief hängt? Als Erstes solltest Du Dir bewusst machen, dass Du eine Wahl hast. Es steht Dir also allzeit völlig frei, ob und inwieweit Du es geraderücken willst. Viele Menschen starren ihr Leben lang verstört auf ihr schief hängendes Selbstbildnis und ignorieren die ihnen gegebene Wahlfreiheit, weil sie sich machtlos fühlen. Doch niemand ist sich selbst hilflos ausgeliefert.

Alles ist gegeben, Dir zu dienen. Wir wissen jedoch nur zu gut, dass sich das Leben in der Dualität oft gegenteilig anfühlt. Das ist es, was das Leben unter irdischen Bedingungen so extrem herausfordernd macht. Deine Lebenserfahrungen mögen schwierig und wenig förderlich für Dein Selbstwertgefühl gewesen sein, doch waren sie in jedem Falle genau das, was Du brauchtest. Warum ist das denn nur so? Warum muss es so schwierig sein? Ist Gott ein Sadist?

Ihr lieben, bekümmerten Menschen, Gott ist nichts weniger als das, und Du solltest es auch nicht sein! Gott ist Liebe und nichts als Liebe. Es muss so schwierig sein, weil Du es so willst. Dein freier Wille ist auf ewig unantastbar. Du bist es, der an die Notwendigkeit glaubt. Solange Du an die Rechtmäßigkeit von Minderwertigkeitsgefühlen glaubst, werden sie Dich heimsuchen und Dir das Leben schwer machen. Orientiere Dich bei Deiner Selbstdefinition an Deinem Schöpfer, dann bist Du allzeit bestens beraten. Du verdienst das Allerbeste, nichts Geringeres als das. Und so sagen wir Euch erneut, wie schon in Band I unserer Botschaften: Jeder Mensch verdient nur das Allerbeste, aber der Mensch bekommt nicht das, was er verdient. Der Mensch bekommt das, was er will!

»Unterlegen ist man im Leben erst dann,
wenn man seine Selbstachtung
definitiv verloren hat.«

Marcel Proust

Mit dem Rücken zur Wand

Meine liebe Freundin, mein lieber Freund, wenn der Mensch Angst hat, steht er immer mit dem Rücken zur Wand. Angst ist ein Prozess der Selbstverstümmelung. Angst entfernt Dich von Dir selbst und spaltet Dich ab von Deiner wirklichen Natur. Das ist es, was Angst so schmerzhaft macht. Wenn der Mensch Angst hat, dann ist er nicht er selbst, im wahrsten Sinne des Wortes. Angst wirkt also hochgradig giftig auf das menschliche Gemüt.

Angst verzerrt die Wahrnehmung, der Zustand Eurer Welt legt fürwahr trauriges Zeugnis davon ab. Angst lässt den Menschen konfus denken, absurd entscheiden und lieblos handeln. Angst wirkt immer hochgradig zerstörerisch in alle Richtungen, gerade so, wie Liebe immer hochgradig heilerisch in alle Richtungen wirkt. Angst ist der Blackout des Herzens, sie ist das größtmögliche Unrecht, das ein Mensch sich zufügen kann und – im Grunde und in Wahrheit – das einzige. Ausnahmslos jedes Leid und alles Elend, das ein Mensch erleiden kann, ist auf Angst zurückzuführen.

Der Mensch, der Angst hat, steht also mit dem Rücken zur Wand. Er sieht sich in arger Bedrängnis und jeder mögliche Fluchtweg scheint ihm versperrt. Angst ist immer eine Sackgasse. Wenn Menschen Angst haben, dann suchen sie ihre Rettung nicht selten darin, die Angst zu potenzieren. Der Mensch hofft, die Angst mit noch mehr Angst besiegen und überwinden zu können. Doch die Dinge sind, was sie sind. Gift bleibt Gift und auch die Potenzierung kann es nicht zur Arznei machen. Wie gesagt, Angst verzerrt die Wahrnehmung, sie infiziert den gesunden Menschenverstand im wahrsten Sinne des Wortes. Und so sieht und erkennt der derart leidende Mensch nicht mehr, dass die Angst selbst das Problem ist. Was jedoch das Problem ist, das kann Dir niemals eine Lösung anbieten, denn die Lösung ist die Abwesenheit des Problems.

Lösung definiert sich also durch die Abwesenheit des Problems. Was, wenn nicht Angstfreiheit könnte also die Lösung sein? Angstfreiheit ist die Lösung. Das Ziel steht also nunmehr fest und so Du dies erkennst, ist schon viel erreicht. Damit ist schon alles erreicht, denn nunmehr hast Du die Angst als solche infrage gestellt. Mehr braucht es nicht, sie zu entmachten, mehr hat es nie gebraucht, denn Du hast allzeit die Freiheit der Wahl. Das ist Sinn und Zweck jeder Inkarnation.

Wir sagten es in Band III unserer Botschaften: Immer dann, wenn eine Grenze infrage gestellt ist, ist ihr Ende bereits besiegelt. Angst ist eine Grenze, sie ist die einzig mögliche Grenze, die Du Dir selbst auferlegen kannst. Du bist ein schöpferisches, göttliches Wesen, es steht Dir allzeit frei, ob Du Dich diesem despotischen und herrschsüchtigen Tyrannen unterwerfen willst oder nicht. Niemand ist seiner Angst hilflos ausgeliefert. Sowie Du Dich für die Liebe öffnest, kommst Du zur Besinnung. Liebe ist Besinnung, sie ist Besinnung auf die Wirklichkeit.

Wir wollen uns allzeit ins Bewusstsein rufen, was Liebe ist: Liebe ist Gott und Gott ist Liebe. Wenn Du Dich für die Liebe in Dir entscheidest, dann bist Du mit der größten Macht im Bunde, die es geben kann und dieser Bund ist wahrlich ein heiliger. Die Liebe in Dir ist die Liebe zu Dir. Angst ist Hochverrat, sie ist immer Hochverrat an Deiner wahren Natur. Doch Du hast immer die Wahl. So Du Dich für die Liebe entscheidest, bist Du loyal zu Dir selbst und mehr Loyalität als Liebe kann es niemals geben.

»Die Liebe vernichtet alles Böse
und macht frei von aller Angst.«

Hildegard von Bingen

Win-win oder, wenn der Angst die Puste ausgeht

Mein lieber Freund, meine liebe Freundin, eine Win-win-Situation ist eine Situation, in der es nur Gewinner gibt. So ist das Leben gemeint, so hat Gott es angedacht und so ist es. So etwas wie Verlierer kann es im letztgültigen Sinne im Leben nicht geben. Das würde in krassem Widerspruch zur Liebe stehen. Es gibt keine Verlierer.

Wir, hier im Lichte der Einheit, sind uns der herrschenden Verhältnisse und der Lebensbedingungen auf Erden voll und ganz bewusst. Und Ihr seid es auch. Was wir hier betreiben, ist sicherlich keine Schönfärberei und keine Augenwischerei, das würde der Liebe zuwiderlaufen. Vielmehr sind wir bestrebt, Euch die Augen zu öffnen für die Wirklichkeit hinter dem trügerischen äußeren Anschein der Dinge. Jedes denkbare Leid, das Menschen sich antun, sowohl sich selbst als auch gegenseitig, trägt die Aufforderung Gottes in sich, ihm ein Ende zu machen. Leid hat keinen Selbstzweck und kann keinen haben, denn Lieben ist nicht Leiden. Aber Leiden ist eben auch nicht Lieben und wer sich selbst liebt, der erkennt die letztgültige Sinnlosigkeit, die dem Leiden innewohnt. Das Leben ist ein Geschenk von unvorstellbarem Ausmaß, so will es verstanden, gelebt und genossen sein.

Selbstliebe ist die Vorhut jeder Nächstenliebe, sie geht ihr zwingend voraus. Selbstliebe ist Grundvoraussetzung der Nächstenliebe. Ein Mensch, der sich selbst die Liebe verweigert, wird dieses Leiden unausweichlich auf seine Mitmenschen projizieren. Niemand kann mit einem anderen Maß messen, als mit dem eigenen und das eigene ist das einzige Maß, das Du jemals haben kannst. Was Du nicht hast, das kannst Du auch nicht geben. Das käme dem müßigen Versuch gleich, jemandem die Relativitätstheorie erklären zu wollen, obwohl man sie selbst nicht versteht. Nun Ihr Lieben, Ihr dürft Euch getrost beruhigen, die Liebe ist sehr viel einfacher zu verstehen, als Eure allseits bewunderte Relativitätstheorie. *(Anm. der Verfasserin: sehr scherzhaft gesagt, mit ernsthaftem Hintergrund)*

In der Tat, die Liebe ist ganz einfach zu verstehen. Liebe versteht sich von selbst! Dort wo Liebe ist, da ist sie bereits verstanden. Anders als Eure Relativitätstheorie, um bei diesem Beispiel zu bleiben – sehr zur Belustigung unseres Mediums – kann die Liebe niemals gelehrt werden. Liebe kann nicht gelehrt werden, weil man sie nicht lernen kann. Liebe wird erschaut. Das ist Sinn und Zweck jeglicher Inkarnation. Ihr alle, ausnahmslos, inkarniert um der Liebe willen. Es gibt nichts anderes.

Wo Liebe erschaut ist, da geht der Angst die Puste aus. Je weniger Angst, desto schöner, erfüllter und bereichernder Euer Leben auf Erden, sowohl individuell als auch kollektiv. Wo die Angst schwindet, da ist der Himmel erobert und zwar für alle Beteiligten. Wenn Du einen Beitrag zu einer gerechteren Welt leisten willst, dann befreie Dich von Angst. Mehr kannst Du für Dich und für diese Welt gar nicht tun. Niemand kann das. Mehr gibt es nicht, mehr kann nicht zu tun sein, denn wo die Angst schwindet, da ist nur noch Liebe und nichts als Liebe. Wo Liebe ist, da kann es keine Verlierer geben, niemals. In der Liebe gibt es immer nur Gewinner. Von dieser Regel gibt es keine Ausnahme.

Wie gesagt, in Wirklichkeit gibt es keine Verlierer. Der Mensch steht unter Gottes besonderem Schutz, weil Er nur Lieblingskinder hat. So schwierig und leidvoll die irdischen Verhältnisse auch sein mögen, der Fluch führt letztlich zum Segen. Das tut er immer und ausnahmslos. In jedem heiligen Augenblick Deines wundervollen Lebens kannst Du Dich für die Selbstliebe entscheiden. So Du dies tust, wirst Du umgehend vom Verlierer zum Gewinner und mehr Gewinn kann es nicht geben. Für Dich und für die ganze Welt. Was die Liebe tut, das ist immer wohlgetan.

»Keine wahre Liebe ohne Gerechtigkeit
und keine Gerechtigkeit ohne wahre Liebe.«
Adolph Kolping

Aus der Traum! Vom Erwachen in die Wirklichkeit

Meine liebe Freundin, mein lieber Freund, viele unter Euch empfinden und sehen das Leben auf Erden mehr als verwirrenden Alptraum, denn als eine vergnügliche Abenteuerreise in die Materie. Angesichts der enormen Angstbereitschaft des Menschen ist dies so legitim wie nachvollziehbar. Und Ihr habt recht, es ist ein Alptraum! Das Leben ist immer dann ein Alptraum, wenn der Mensch der Angst erliegt. Wir wissen um den illusionären Charakter der Angst und sollten ihn niemals aus den Augen verlieren. So real sie für Euch auch sein mag, Angst ist nicht wirklich! Angst ist irdische Erfahrungsrealität und nur unter irdischen Bedingungen ist sie möglich, denn im Lichte der Einheit kann es so etwas niemals geben.

Seid Ihr erst einmal inkarniert, dann ist die Allgegenwart der Liebe Euch nicht mehr bewusst. Dieses Bewusstsein müsst Ihr Euch nun ›erarbeiten‹, so zumindest mutet es Euch an. Ihr alle seid Schwerstarbeiter und der Arbeit ist da viel. Von Angst aufgerieben, erschöpft Ihr Euch völlig und macht Euch das Leben schwer. Soweit zum äußeren Anschein der Dinge.

Die Wirklichkeit ist jedoch eine andere. Liebe muss nicht erarbeitet werden, das könnte sie auch gar nicht, denn Liebe ist frei geschenkt. Liebe ist göttliches Gnadengeschenk. Liebe muss man sich nicht erarbeiten, Liebe muss man einfach nur zulassen. Man muss sie wollen. Mehr braucht es nicht, mehr hat es nie gebraucht.

Das Erwachen aus dem Alptraum der Angst ist kein mühevoller Prozess. Es geschieht einfach in dem heiligen Augenblick, in dem Du es willst. Wenn Du ausgeträumt hast, wenn Du der Angst überdrüssig bist, erwachst Du. In dieser Hinsicht – und nur in dieser Hinsicht – ist Liebe eine Frage der Entscheidung. Sowie Du Dich für Dich selbst entscheidest und nicht länger gegen Dich, entscheidest Du Dich für Gott. Das ist ein und dasselbe.

Wir wissen um die enorme Anziehungskraft der Angst in Eurer Welt. Dies soll Dich jedoch nicht schrecken, denn Angst ist einfach nur Angst. Sie ist immer Irrtum, immer ist sie Illusion, wie groß und mächtig sie Dir auch erscheinen mag. Eine große Angst ist nicht falscher als eine kleine. Und eine kleine Angst ist nicht harmloser als eine große. Die Dinge sind und bleiben ewig das, was sie eben sind. Angst ist immer unwirklich, sie ist ein Alptraum, ein blinder Fleck in Deiner Selbstwahrnehmung.

Deine Wirklichkeit, Deine wahre Identität, kann von der Angst niemals angerührt werden. Niemals reicht die Illusion in das Hoheitsgebiet Deiner göttlichen Wirklichkeit hinein. Du bist Geist von Gottes Geist und keine Macht in der Schöpfung kann daran etwas ändern. Keine Macht in der Schöpfung würde das wollen. Nur Liebe ist Macht und Macht ist Liebe. Du bist unantastbar. Dein heiliges Sein ist auf ewig gesichert, denn so will es die Liebe.

Angst ist immer Wahnsinn, im wahrsten Sinne des Wortes. Wenn Du Dich der Angst ergibst, dann verfällt der Sinn dem Wahn. Davon war bereits in Band II die Rede, wo wir uns diesem Thema zur Gänze gewidmet haben. In dieser Welt scheint Angst sehr berechtigt, dessen sind wir uns bewusst. Wir dürfen niemals vergessen, dass Ihr Euch dieser Wahlmöglichkeit aus freien Stücken aussetzt und dies aus dem denkbar besten Grunde, denn der Gewinn, den Ihr daraus zieht, ist jenseits irdisch-menschlicher Vorstellungskraft.

Der Mensch fühlt sich oftmals als Opfer seiner Angst. Der Mangel an Selbstliebe vereitelt den ungetrübten Blick auf seine gottgegebene Schöpferkraft. Du hast allzeit die Wahl. So Du aber wählst, hast Du Dich bereits für die Liebe entschieden, denn Du hast die Angst infrage gestellt. Liebe bietet sich immer nur an, Angst hingegen drängt sich auf. Angst ist invasiv, Liebe ist es nie. Und genau diesem Umstand ist es zu verdanken, dass das Erwachen aus dem Alptraum der Angst immer unendlich sanft, mühelos und beglückend ist. Der Alptraum ist ausgeträumt in dem Augenblick, in dem Du es willst. Du hast allen Grund zur Freude. Die unermessliche Herrlichkeit der himmlischen Wirklichkeit wartet auf Dich. Du kannst Dein Glück nicht versäumen.

»… wir sind geschaffen, zu lieben.
Alle Genüsse des Lebens sind für diejenigen,
die lieben. Seid fröhlich und ohne Angst.«

Omar Chayyam

Von Helden und Feiglingen

Mein lieber Freund, meine liebe Freundin, Helden stehen in Eurer Welt hoch im Kurs. In der Unseren auch. *(Anm. der Verfasserin: sehr scherzhaft und liebevoll)* Wir sagten es bereits, es gibt keinen Menschen auf Erden, der nicht ein Held wäre. Ihr alle seid Helden der Liebe, denn andere gibt es nicht. Die Ehre, die dem Menschen gebührt, ist unvorstellbar. Um der Erkenntnis willen inkarniert Ihr. Erkenntnis ist immer Liebeserkenntnis, denn wo es nichts anderes gibt, da kann nichts anderes erkannt werden. Nur Liebe ist. Alles, was nicht Liebe ist, ist unwirklich, also nicht wirklich existent. Menschen sind Helden der Liebe.

Befragen wir Eure Wörterbücher, dann ist ein Held ›jemand, der sich mit Unerschrockenheit und Mut einer schweren Aufgabe stellt, eine ungewöhnliche Tat vollbringt, die ihm Bewunderung einträgt.‹ Dieser Definition ist kaum etwas hinzuzufügen. Die ganze geistige Welt liegt Euch Menschen mit Ehrerbietung und Bewunderung zu Füßen. Der Weg durch die Inkarnationen als solcher ist also ein Weg unvorstellbarer Heldenhaftigkeit. Ist der Mensch erst einmal inkarniert, dann weiß er nichts mehr von alledem und genau dieser Umstand macht das Ganze so heroisch. Für Euch Menschen ist das Menschsein die natürlichste Sache der Welt. Das ist es auch – und auch wieder nicht.

Wir dürfen nicht vergessen, woher Ihr kommt, wenn Ihr

Euch für die Reise in irdische Gefilde entscheidet. Ihr kommt aus dem Lichte der Einheit, Ihr kommt aus dem Herzen der Schöpfung. Hier sind unvorstellbare Glückseligkeit und unbändige Daseinsfreude. Hier ist nichts als Licht und Liebe. Aus freien Stücken zieht Ihr hinaus in die Dunkelheit der Welt. Aus wohliger Wärme kommend, zieht Ihr hinaus in die Eiseskälte von Drangsal und Angst. Die Erkenntnis der Liebe zu mehren, ist Euer heiliges Ziel. Es kann keinen anderen Grund geben, sich in die Dunkelheit zu begeben. Ihr alle seid Lichtbringer.

Ihr wollt den Himmel auf die Erde holen und in der Tat, das ist es, was Ihr tut. Ihr tut es mit jedem winzigen Liebeshauch, den Ihr Euch selbst und anderen entgegenbringt. Jeder noch so winzig erscheinende Lichtfunke holt den Himmel ein Stück weit auf die Erde. Von Hoffnung und Liebe beherzt, stellt Ihr Euch der Illusion von Trennung und somit der Dunkelheit und der Angst. Todesmutig stellt Ihr Euch also der Angst und damit der grässlichsten aller möglichen Emotionen.

Ja, Menschen sind todesmutig! Der Todesmut des Menschen sucht seinesgleichen in der ganzen Schöpfung, denn Menschen sterben und sie leben ihr gesamtes Leben in diesem Wissen, dass es eines Tages zwingend dazu kommen wird. Der Mensch stellt sich der Illusion von Endlichkeit. Sie ist die grundsätzlichste aller möglichen Illusionen und eng an die Illusion der Trennung gekoppelt. Hier, im Lichte der Einheit, ist die Ewigkeit, also die Abwesenheit von Zeit, selbstverständlich.

Ihr lieben Menschen haltet immerfort Ausschau nach Helden, Leitsternen und Vorbildern. Und Ihr überseht Euch selbst. Wenn Du einen wahren Helden sehen willst, dann sieh in den Spiegel! Wenn aber Du der Held bist, wer ist dann der Feigling? Wo ist dieser elende Wurm zu finden? Wo ist der Feigling, dieser armselige Wicht, der sich so gerne als Held aufspielt? *(Anm. der Verfasserin: mit sehr viel Humor)*

Unter den Menschen ist er mit Sicherheit nicht zu finden. Der Feigling ist die Angst selbst, also die Illusion, die glaubt, es mit der Wirklichkeit aufnehmen zu können. Doch Illusion bleibt Illusion und so gibt es im letzten Sinne keine Feiglinge. Es kann keine geben. So etwas ist im göttlichen Schöpfungsplan nicht vorgesehen, denn Feigheit ist eine Ausgeburt der Angst, so wie Heldentum aus Liebe hervorgeht.

»Die wahren Helden sehen
selten wie Helden aus.«
Tennessee Williams

Wenn das Leben Dir den Schwarzen Peter zuspielt

Meine liebe Freundin, mein lieber Freund, der Mensch fürchtet kaum etwas so sehr wie Krisenzeiten. Wenn das Leben dem Menschen den Schwarzen Peter zuspielt, ist er erst einmal fassungslos. Der Mensch fällt in eine Schockstarre und das Leben erscheint ihm wie eingefroren. Und so scheint es, dass der Mensch dann, wenn das Leben am intensivsten ist, am wenigsten zu fühlen in der Lage ist.

Diese Schockstarre ist ein wichtiger Schutzmechanismus der Psyche. Der Mensch schützt sich, weil die Angst ansonsten überwältigend sein würde. Wir sagten es bereits, Menschen sind Helden und muten sich viel zu. Warum sagen wir Euch das? Wir wollen Euch die Augen öffnen für Euch selbst und für das Wunder, das Ihr seid. Was auch immer im Leben passiert, was immer Dich ereilen mag, in wirklicher Gefahr bist Du nie. Es gibt keine wirkliche Gefahr!

Wenn der Mensch inkarniert, dann kommt er nicht mit leeren Händen. Immer und ausnahmslos ist er bestens ausgerüstet. Der Mensch ist mit allem ausgestattet, was es braucht, das jeweilige Leben zu bewältigen. Dabei ist der Anspruch des Menschen an sich selbst denkbar hoch, wenn er inkarniert. Ihr verfolgt sozusagen sehr anspruchsvolle Ziele.

Nie dürfen wir den freien Willen des Menschen außer Acht lassen. Da ist kein Gott, der Euch schweren, schmerzhaften Prüfungen unterzieht. Was könnte es zu prüfen geben? Und was wäre damit bewiesen? Da ist kein Schöpfer, der Euch straft, wie und wofür auch immer. Da ist kein willkürliches Schicksal, das Euch aus Lust und Laune übel mitspielt, kein böser Zufall und kein fatales Pech. Nichts von alledem gibt es. Wir sprachen davon in Band VI unserer Botschaften. Die entsprechenden Kapitel seien Euch an dieser Stelle erneut wärmstens ans Herz gelegt, denn der Glaube an einen prüfenden und strafenden Gott sitzt wahrlich tief. Dieses Egokonstrukt hat in Eurer Welt ganze Arbeit geleistet.

Die Seele weiß um ihre Unantastbarkeit. Sie weiß um ihre ewige Unversehrbarkeit und so ist ihr jede Art von Angst völlig fremd. Die Seele kennt keine Angst vor dem Tod, warum auch? Die Seele weiß um ihr ewiges Sein. Ein kluger Mann sagte einmal: »Am Ende wird alles gut und wenn es noch nicht gut ist, dann ist es noch nicht das Ende.« Das hat er sehr richtig und treffend erkannt. Am ›Ende‹ steht immer das Erwachen in die immerwährende göttliche Wirklichkeit. Es gibt kein Ende des Lebens, es gibt nur ein Ende der Angst!

Euch zum Troste erinnern wir an den Kernsatz aus dem *Kurs in Wundern*: Nichts Wirkliches kann bedroht werden. Keine Krankheit, kein Schicksalsschlag und keine Not der Welt kann das. Liebe ist ewig unangreifbar und vollkommen unüberwindlich. Der Schmerz und alles Leid werden vergehen. Wie jede Illusion, fallen sie der Zeit anheim. Schmerz, Kummer und Leid fallen einfach in sich zusammen, gerade so, als seien sie nie gewesen. Nur Wirkliches bleibt, nur die Liebe bleibt und mit ihr all die Glückseligkeit, die Dein himmlisches Erbe ist.

Extremsituationen sind immer auch Türöffner. Sie sind Türöffner für all jene, die sich einer derartigen Lebenserfahrung stellen. Sie zeigen neue Möglichkeiten auf, öffnen Horizonte in der Selbstwahrnehmung und rufen den Menschen zu neuen inneren Ufern. Wenn das Leben Dir also den Schwarzen Peter zuspielt, dann bist Du immer auch eingeladen, Deinem Leben eine neue Richtung zu geben. Im blinden Vertrauen auf die tiefe Sinnhaftigkeit allen Geschehens trägt Dich der Schöpfer selbst durch schwere Zeiten. Und plötzlich weißt Du: In Wirklichkeit ist alles gut.

»Ein Mensch ist groß,
wenn er über sein Schicksal hinauswächst.«
Elisabeth Maria Maurer

Letzte Ausfahrt – letzte Chance

Mein lieber Freund, meine liebe Freundin, Menschen sind wundervoll, Menschen sind ehrgeizig. Menschen sind wundervoll ehrgeizig und so verfolgen sie naturgemäß viele hehre Ziele. Die Motivation der Seele beim Eintritt in die Materie ist schier sagenhaft. Sie verfolgt, wie gesagt, viele erhabene Ziele und dennoch nur eines. Es geht um nichts Geringeres als um Selbsterkenntnis, die nur in der Mehrung des Liebesbewusstseins gefunden werden kann. Die Erkenntnis der eigenen Liebesnatur ist in jedem Falle oberstes Ziel der Seele. Dieses Ziel zu erreichen, gibt es so viele Wege, wie es Seelen gibt. Kein Mensch gleicht dem anderen und so gibt es auch keine zwei identischen Lebenswege.

Das ganz individuelle Sosein des Menschen entscheidet über die Art und Weise, wie er seine Lebensziele verfolgt. Jeder Mensch ist anders, doch das Ziel ist dasselbe. Liebe ist immer Liebe. So unterschiedlich und vielfältig Menschen auch sein mögen, in der Liebe seid Ihr alle gleich. Liebe ist also das Bindeglied zwischen allen Menschen, sie ist die Euch allen gemeinsame Schnittmenge.

Ihr alle sprecht unterschiedliche Sprachen auf der Welt, ein Lachen jedoch ist immer und überall ein Lachen. Lachen ist in allen Sprachen gleich. Mit der Liebe ist es ebenso. Hier ist jedes Missverständnis unmöglich. Liebe ist immer Liebe, in der ganzen Schöpfung ist das so, in jeder Welt und in jeder

Dimension, wie im Himmel, so auf Erden. Liebe ist das ewig ertönende, schallende Lachen der Schöpfung.

Mit dem Feuereifer seines Herzens verfolgt der Mensch also seine Lebensziele. Jeder heilige Augenblick seines Lebens, jede noch so banal erscheinende Situation, bietet ihm Gelegenheit, sich selbst zu definieren und somit zu erkennen. Der Mensch entscheidet sich, wie er auf sich selbst blicken will und damit, wie er die Welt um sich herum wahrzunehmen gedenkt. Er entscheidet darüber, wer und was er sein will, denn er hat allzeit die freie Wahl. Willst Du Dein göttliches Erbe antreten? Oder entscheidest Du Dich vielmehr für die Angst und damit für die Illusion?

Ein Leben ist lang und der Chancen und Gelegenheiten sind da unzählige. Das ist letztlich Sinn und Zweck der Euch zur Verfügung stehenden jeweiligen Lebenszeitspanne. Immer dann, wenn der Mensch sich für die Angst entschieden hat, dann hat er die Ausfahrt in Richtung Liebe verpasst. Er hat sie übersehen, weil er sich selbst übersehen hat. Angst jedoch macht noch mehr Angst und so rast der Mensch nicht selten weiter auf der Autobahn seines Lebens, mancher sein Leben lang. In panischer Angst sein Ziel zu verpassen erkennt er nicht, dass allein die Angst das Problem ist. Angst löst keine Probleme, Angst ist das Problem. In der Tat ist das Ziel ganz einfach zu finden. Es liegt direkt vor Dir und die nächste Ausfahrt kommt bestimmt. Sowie Du Dich für die Liebe entscheidest, ist die Ausfahrt da, denn Liebe ist die Ausfahrt.

Doch wann kommt die letzte Ausfahrt? Wann kommt die letzte Chance? Den Ängstlichen unter Euch sei gesagt, dass es so etwas wie eine letzte Chance niemals gibt und nicht geben kann. Da Ihr dem Phänomen der Zeit unterworfen seid, mag der irdische Anschein trügen und irreführend sein. Hast Du eine Ausfahrt verpasst, dann hat die Liebe schon die nächste für Dich gebaut. Was Du willst, ist das, was Du brauchst. Somit gibt es der Ausfahrten und Chancen so viele, wie Du brauchst und somit haben willst. Das ist die Bedingungslosigkeit der Liebe!

Ihr seid nicht zur Angst verdammt bis an Euer Lebensende. Ihr seid es nur genau so lange, wie Ihr es so haben wollt. In jedem Augenblick steht es Dir vollkommen frei, Dich neu zu definieren. Jede denkbare Orientierungshilfe ist Dir gegeben und steht zur freien Verfügung. Willst Du wissen, wer und was Du bist, dann frage den, der Dich schuf. Er allein weiß, was Er gemacht hat. Und wenn Du dann ein schallendes Lachen hörst, dann hast Du Deine Antwort.

»Ein Lachen, unauslöschbar,
lässt den Himmel erbeben.«

Homer

Gefangen im Netz

Meine liebe Freundin, mein lieber Freund, wenn der Mensch Angst hat, dann ist er wahrlich in einer misslichen Lage. Wie ein im Netz gefangener Fisch schwimmt er panisch hin und her und sucht verzweifelt den rettenden Ausweg. Jede Flucht scheint unmöglich, die Lage ausweglos. Wie konnte es soweit kommen? Wie gelangte der Fisch in diese verhängnisvolle Lage? Er konnte die drohende Gefahr nicht sehen. Das Tier hat das Fischernetz nicht erkannt.

Eure Welt ist eine Zone der dualen Wahrnehmung. In Band II unserer Botschaften bezeichneten wir die Welt der Materie als einen der ›Verbündeten der Angst‹. Das ist gut und richtig so, denn der Mensch will die Freiheit der Wahl. Angst ist also irdische Erfahrungsrealität. In der göttlichen Wirklichkeit gibt es so etwas nicht, denn wo Trennung unmöglich ist, da ist es auch die Angst. Nicht so in Eurer Welt, hier sehen die Dinge völlig anders aus. Für Euch Menschen ist Angst die normalste Sache der Welt. Angst und all ihre Auswüchse sind Gegebenheiten, mit denen Ihr Euch arrangiert habt, mit denen Ihr ganz selbstverständlich lebt und glaubt, leben zu müssen.

Dem ist so und auch wieder nicht, denn wir wissen, dass Liebe Euch allzeit und überall frei zugänglich ist. Liebe ist Angstfreiheit und Angstfreiheit ist Liebe, denn wo die Liebe wahrgenommen wird, da hat jede Angst ein jähes Ende. Unser bedauernswerter Fisch hat die drohende Gefahr nicht gesehen. Er hat das Fischernetz nicht erkannt. Euch Menschen geht es nicht anders, wenn Ihr der Angst ins Netz geht. Ihr erkennt die Gefahr nicht. Seid Ihr erst einmal gefangen im Netz der Angst, dann wird Euch schlagartig bewusst, dass Ihr in eine tückische Falle geraten seid. Angst ist also nicht immer vermeidbar. Es wäre vermessen und weltfremd, Derartiges zu behaupten und ginge an der menschlichen Erfahrungsrealität vorbei. Es ist mit der Angst wie mit dem Fisch im Netz, der Mensch sieht die Angst nicht kommen, sie überfällt ihn jäh und er wird ihrer erst gewahr, wenn sie da ist.

Doch wie gesagt, dann ist es zu spät, so scheint es zumindest, denn wir sind uns des immensen Drucks, den Angst auf Euch ausüben kann, völlig bewusst. Hat sie Euch erst einmal in ihren gierigen Fängen, dann scheint es kein Entkommen zu geben. Wir dürfen niemals vergessen, dass der Mensch allzeit die Wahl hat. Die Maschen des Netzes mögen eng sein, so eng, wie sie wollen, Liebe vermag, es zu zerreißen in einem einzigen Augenblick. Wie hypnotisiert von Angst starrt der Mensch auf das Netz, unfähig, sich auf seine schöpferische Macht zu besinnen. Wir wissen, dass Angst die Wahrnehmung verzerrt und so scheint das Netz übermächtig und unüberwindlich. Doch Angst ist nicht unüberwindlich! Wenn dem so wäre, dann hätte der Mensch keine Wahlfreiheit. Die Liebe des Schöpfers macht derlei auf ewig unmöglich, Dein freier Wille ist unantastbar. Auch dem Menschen, der sich im Netz seiner Ängste gefangen sieht, steht die erlösende Wahrnehmung der Liebe allzeit frei.

Die Welt ist voller Fischernetze, deshalb bezeichneten wir sie als die ›Verbündeten der Angst‹. Menschen bestätigen sich gegenseitig, dass Angst ihre Berechtigung hat. Wie gesagt, für Euch ist Angst die natürlichste Sache der Welt und so potenziert Ihr sie. Das macht Eure Welt so dunkel und die Situation wäre wahrlich fatal, wenn da nicht die Liebe wäre, die sich ebenfalls potenziert. Angst mag sich noch so potenzieren, sie mag sich noch so sehr aufblähen, in die Gefilde der Wirklichkeit kann sie niemals eindringen. Illusion bleibt Illusion und eine große ist nicht wirklicher als eine kleine. Ist das nicht wundervoll? Die Wirklichkeit ist immer tröstlich.

»Keine Macht, so weit der Himmel reicht,
die nicht dem Zauber der Liebe weicht.«
Leopold Jacoby

Wo der Schuh drückt

Mein lieber Freund, meine liebe Freundin, das Leben unter irdischen Bedingungen ist niemals einfach. Die Seele weiß das vor ihrer Inkarnation, dennoch – oder gerade deshalb – nimmt sie die Gegebenheiten des Erdenlebens hochmotiviert und freudig auf sich. Sie weiß um den Gewinn. Es liegt also in der Natur der Sache, dass den Menschen immer irgendwo der Schuh drückt.

Wenn der Schuh drückt, dann liegt das am Schuh und nicht am Fuß. So selbstverständlich diese offensichtliche Tatsache auch sein sollte, so wenig ist sie es. Wir wiederholen es gerne: Wenn der Schuh drückt, dann liegt das am Schuh und nicht am Fuß. Warum bestehen wir darauf?

Menschen laufen in zu engen Schuhen und glauben, oftmals ihr Leben lang, den Schmerz ertragen zu müssen. Der Mensch stellt vielmehr seinen Fuß infrage und nicht etwa den Schuh. So erträgt er also die Qual zu enger Schuhe und humpelt mit schmerzverzerrtem Gesicht durch sein Leben, so gut er es denn kann. Das ist es, was der Mensch tut und er tut es immer dann, wenn er sich selbst die Liebe verweigert. Der Mensch ist blind für sein angestammtes göttliches Erbe: Er ist blind für seine Vollkommenheit. Und er ist völlig blind für die Tatsache, dass diese Vollkommenheit unantastbar ist.

Wenn der Schuh drückt, dann fragt sich der Mensch, was mit ihm selbst denn nicht stimmen mag. Er stellt sich selbst infrage, mehr noch, er stellt seine göttliche Integrität und seinen Selbstwert infrage. Oftmals bleibt der Schuh, der Auslöser und Verursacher des Problems, außen vor. Der Schuh wird nicht infrage gestellt. Nun kann ein Problem immer nur dort gelöst werden, wo es ist. Alles andere ist Schattenboxen. Ist Dein Schuh Dir also zu eng, dann sieh ihn Dir ganz genau an. Mustere und prüfe ihn von allen Seiten, sieh, warum er Dir nicht passt und respektiere Dein wundervolles, einmaliges Sosein. Und dann wirf diesen Schuh getrost in die Ecke! Bleibe im vollen Vertrauen darauf, dass es für Dich immer passendes Schuhwerk geben wird.

Das ist Selbstliebe und wir wissen, dass sie immer Hand in Hand geht mit Gottvertrauen. Worauf, wenn nicht auf Gottvertrauen, sollte Selbstliebe sonst fußen? Anhand unserer Metapher mit den Schuhen wird uns bewusst, wie sehr Selbstliebe an den Respekt des eigenen Soseins gebunden ist. Kein Respekt ohne Liebe und ganz gewiss keine Liebe ohne Respekt.

Warum tut der Mensch sich das an? Warum läuft er in schmerzenden Schuhen durchs Leben? Menschen tun derlei Unsinniges, weil sie glauben, keine andere Wahl zu haben. Im tiefen Glauben an die eigene Mangelhaftigkeit fürchten sie die Liebe zu sich selbst. Sie wagen es nicht, sich selbst zu lieben. Der Mensch fürchtet sich selbst und seine vermeintlichen inneren Abgründe und – wir wissen es – Angst verzerrt immer die Wahrnehmung.

Der Mensch ist ewig so, wie Gott ihn schuf. Der Mensch ist vollkommen. Der Mensch ist Liebe. Nichts anderes ward je geschaffen. Die Illusion der Trennung vereitelt jedoch den klaren Blick auf diese ewige Tatsache, denn der Mensch wähnt seinen Gott in weiter Ferne. Und weil ihm das Vertrauen in Gott fehlt, fehlt auch das Vertrauen in sich selbst.

Der Mensch ist nie das Problem. Das Problem liegt immer beim Schuh, allem irdischen Anschein zum Trotz. Du magst Probleme haben, doch Du bist nicht das Problem. Das ist der Mensch nie.

»Es weiß niemand besser,
wo ihn der Schuh drückt,
als der ihn trägt.«
Deutsches Sprichwort

Wohin des Weges?

Meine liebe Freundin, mein lieber Freund, ist der Mensch erst einmal inkarniert, dann ist er sich seiner ewigen Einheit mit dem Schöpfer nicht mehr bewusst. Dies bedeutet in erster Linie den völligen Verlust jeglicher Sicherheit. Fortan lebt der Mensch in Ungewissheit. Das tut er immer, denn er lebt in Zeit und Raum und so weiß er nicht, was der folgende Tag ihm bringen mag. Sicherheit ist dem Menschen ein Bedürfnis auf tiefster Herzensebene und so fürchtet er kaum etwas so sehr, wie die berüchtigten Unwägbarkeiten des Lebens.

In dem verzweifelten Versuch, sein Leben unter Kontrolle zu bringen, flüchtet er sich in Ängste aller Art, glaubt er doch, diese seien berechtigt. In Band II unserer Botschaften sprachen wir bereits über diese Aspekte, die Illusion von Kontrolle und Sicherheit, die wir zu Recht als ›Verlockungen der Angst‹ bezeichneten. Menschen brauchen Sicherheit, die Angst kann sie jedoch niemals bieten, denn Angst ist der Verlust jeder Sicherheit. Angst zieht Dir den Boden unter den Füßen weg, den Boden, auf dem Du doch stehst.

Des Menschen Bedürfnis nach Sicherheit ist so legitim wie nachvollziehbar, auch und gerade in irdischen Gefilden. Wo, wenn nicht hier, brauchst Du sie? Und so ist es, dass der Mensch sich fortwährend sorgt, um seinen Sorgen zu entfliehen. Doch Du kannst Sorge nicht mit Sorge bekämpfen und Angst nicht mit Angst besiegen. Gift ist nun einmal Gift und kein Gegengift. Liebe ist das Allheilmittel, nie gab es ein anderes.

Im tiefen Vertrauen auf die Liebe des Schöpfers kannst Du frische Kraft und neuen Mut schöpfen. Hier findest Du den Mut, der Angst den Rücken zu kehren, einen neuen Weg einzuschlagen und Dich den Unwägbarkeiten des Lebens tapfer und zuversichtlich zu stellen. Wenn Du Angst hast, dann stelle nicht etwa Dich infrage, nicht Deinen Schöpfer und auch nicht Dein Leben. Wenn Du Angst hast, dann stelle die Angst infrage. Dies zu tun, bist Du in die Welt gekommen, wieder und wieder.

Menschen neigen nicht selten dazu, viel eher mit Ungemach und Unheil zu rechnen, als mit dem Guten und Erbaulichen. Warum ist das so? Der Mensch ist blind für sich selbst und deshalb ist er blind für sein Leben. All die Chancen, Potenziale und die alltäglichen Wunder, er kann sie nicht sehen. Der Mensch erkennt sie nicht als solche, weil er sich selbst nicht erkennt. Liebe öffnet die Augen, weil sie das Herz öffnet. Liebe macht Dein Herz ganz weit, auch für Dich selbst. Und plötzlich siehst Du auch die Welt und Dein Leben mit ganz anderen Augen.

Der Mensch, der sich selbst liebt, ist immer zuversichtlich, denn in der Selbstliebe spiegelt sich die unermessliche Liebe des Schöpfers. Mit anderen Worten: Selbstliebe erinnert Dich unentwegt an die Liebe Gottes. Wer könnte sich da noch fürchten? Im Angesicht der Liebe Gottes löst sich jede Angst in Luft auf, sie verblasst und verschwindet in das Nichts, aus dem sie gekrochen kam. Liebe reißt der Illusion von Trennung und Alleinsein den Schleier der Tarnung vom Gesicht. Sie klärt den Blick für die Wirklichkeit.

Die Zukunft verliert ihre Schrecken. Im tiefen Vertrauen auf die Liebe kannst Du ihr getrost entgegengehen, denn Du erkennst, was Zukunft ist: Ein grandioses Gnadengeschenk, ein Vorgeschmack auf die Ewigkeit. Die Zukunft ist nicht länger etwas Ungewisses, das Du fürchten musst. Sie ist ein Versprechen, sie ist die Verheißung der ewigen Liebe Gottes. Und Gott nimmt ein einmal gegebenes Wort niemals zurück.

»Wer sich um das Morgen
am wenigsten kümmert,
geht ihm mit der größten
Lust entgegen.«
Epikur

Wo getrennte Wege zueinander führen

Mein lieber Freund, meine liebe Freundin, manchmal müssen die Wege von Menschen, die sich lieben, sich erst trennen, damit sie wieder zueinander finden können. Warum nur ist das so? Weil der Mensch erst zu sich selbst finden muss. Wenn das Schicksal Liebende trennt, dann steht der Mensch fassungslos vor seinem Leben und vor seinem Gott. Er versteht die Welt nicht mehr.

Doch Gott ist weder willkürlich noch sadistisch und auch nicht gleichgültig. Kaum eine Lebenslage wird drastischer missverstanden, als die Trennung Liebender. Was geschieht da? Hat Gott etwa die Liebe übersehen? In Gottes heiligem Schöpfungsplan gibt es weder Willkür noch Zufall oder Ignoranz. Doch der Mensch missversteht die Situation und nicht selten denkt er, Gott möge die Liebe wohl einer Prüfung unterziehen. Dem ist nicht so. Liebe prüft nicht. Und Liebe kann auch nicht geprüft werden. Liebe ist. In der Tat, Liebe kann nicht geprüft werden. Welche Prüfungskriterien könnte man ansetzen? Liebe erfüllt keine Kriterien, sie ist das Kriterium.

Wenn das Leben Liebende trennt, dann kann es dafür nur einen Grund geben: Liebe! Was auf den ersten Blick wie ein Widerspruch anmuten mag, ist es nicht. Wo Liebe ist, da ist nichts als Liebe, sonst wäre es keine. Das Leben als solches ist niemals gegen Dich und je tiefer Deine Selbstliebe, desto offensichtlicher Dein Erkennen dieser ewigen Wahrheit. Liebende gehen oftmals getrennte Wege. Das müssen sie, weil sie sich erst selbst finden müssen. Sie müssen es, weil sie es so wollen.

Alles steht und fällt mit Deiner Selbstwahrnehmung. Du kannst immer nur in dem Maße zum anderen finden, in dem Du bei Dir selbst angekommen bist. Liebe ist nicht Selbstaufgabe! Liebe ist Selbstfindung. Liebe ist Selbstfindung im anderen. Wir sagten es in Band I unserer Botschaften: »Liebe ist das, was sich einstellt, wenn man sich selbst im anderen wiederfindet«. Liebe ist Spiegelung und sie wirkt in alle Richtungen gleichermaßen und gleichzeitig. Liebe ist immer Wechselwirkung.

Wenn der Mensch also erst zu sich selbst finden muss, dann gehen Liebende nicht selten getrennte Wege. Wir wissen, wie schmerzlich dies immer auch für Euch ist. Wir wissen um Euren Herzschmerz, um diesen bittersüßen Kummer, der Euch auf Schritt und Tritt begleitet. Euch allen sei gesagt, dass die Wahrheit niemals trostlos ist und es auch nicht sein kann. Wo Liebe ist, da kann es so etwas wie wirkliche Trennung nicht geben. Niemals! Trennung ist immer Illusion. Und so ist jede vermeintliche Trennung Liebender immer nur ein Abschied auf Zeit. Das zarte Band, das die Liebe zwischen zwei Menschen knüpft, ist ein ewiges. Niemals kann es reißen. Wir sagten es in Band VII unserer Botschaften: »Liebe ist ein seidener Faden und dennoch ist sie stärker als die gewaltigste Ankerkette«.

Selbstfindung ist ein grandioser Prozess, ein Prozess von unermesslicher Tragweite und ein heiliger Weg. Wenn das Leben Euch auf getrennte Wege schickt, dann kann es nur einen Grund dafür geben. Die getrennten Wege führen Euch zueinander. Das tun sie immer und ausnahmslos. Wer daran zweifelt, der hat das Wesen Gottes übersehen. Allen Liebenden sei Folgendes gesagt: Euer Wiedersehen ist so sicher, wie es den Tod nicht gibt. Es gibt keinen Tod! Es gibt kein Ende, kein Aus und kein Vorbei. Nicht für die Liebe! Illusionen und Ängste mögen kommen und gehen. Sie vergehen, sie fallen der Zeit anheim, die selbst illusorisch ist.

Die Liebe gibt Dir die Gewähr für den ewig guten Ausgang aller Dinge. Die Liebe selbst ist diese Gewähr. Mehr Sicherheit kann niemals sein, mehr Gewähr kann es nicht geben. Kein Geringerer als Gott selbst verbürgt sich dafür. Jeder Brief, von der Liebe geschrieben, ist von Gott selbst unterzeichnet!

»Mag auch heiß das Scheiden brennen,
treuer Mut hat Trost und Licht;
mag auch Hand von Hand sich trennen,
Liebe lässt von Liebe nicht.«

Emanuel Geibel

Das Haar in der Suppe

Meine liebe Freundin, mein lieber Freund, Leben ist Selbstzweck, so will und sollte es verstanden und gelebt werden. Ihr lebt um des Lebens willen. Wem das nicht genügt, der hat das Leben nicht verstanden. Wem das nicht genügt, der hat das grandiose Gnadengeschenk nicht verstanden, das dem Leben als solches innewohnt. Das Leben selbst beweist die Liebe des Schöpfers, mehr kann es nicht geben. Die tiefe Sinnhaftigkeit des Lebens ergibt sich aus sich selbst heraus, dem nichts hinzugefügt werden kann.

Das Leben ist ein Gnadengeschenk von unermesslicher Tragweite. Menschen wissen das und auch wieder nicht. Ihr nehmt das Leben vielfach als selbstverständlich und so ist es letztlich auch, denn nichts in der Schöpfung ist so selbstverständlich, wie die Liebe Gottes. Ihr müsst Euch nichts erarbeiten, Ihr müsst Euch um nichts bemühen und Ihr müsst Eurem Schöpfer schon gar nichts beweisen! Die Bedingungslosigkeit der göttlichen Liebe ist jenseits solcher Gedankenkonstrukte, die so absurd wie abstrus sind.

Das Leben ist ein Geschenk. Nun liegt es in der Natur der Sache, dass Menschen es lieben, Geschenke auszupacken. In freudiger Erwartung liebt der Mensch die Überraschung. So und nicht anders ist das Leben angedacht. Nun sieht die irdisch-menschliche Alltagsrealität mitunter recht anders aus. Was ist da geschehen? Hat Gott Dir etwa das falsche Paket zugestellt? Was ist da schiefgelaufen? Wo ist das Haar in der Suppe? Gott gibt immer nur Geschenke und so etwas wie

Fehlzustellungen gibt es nicht im himmlischen Schöpfungsplan. Immer und unfehlbar bekommst du genau das, was Du brauchst. Was Du brauchst ist immer das, was Du willst und was Du willst, ist das, was Du brauchst. Die Seele irrt sich niemals.

Das Haar in der Suppe liegt in der Tatsache, dass Du das nicht erkennen kannst. Wir dürfen nicht vergessen, dass die Seele sich bewusst für das Vergessen entscheidet, wenn sie inkarniert. Erst im blinden Vertrauen auf die vollkommene Weisheit der Liebe kannst Du Deinen Frieden finden und all die Geschenke freudig annehmen. Je tiefer Dein Vertrauen, desto tiefer auch Dein Verständnis für Dich selbst und für Dein eigenes Leben. Immer dann, wenn Du das Kriegsbeil mit Deinem Schöpfer begräbst, dann begräbst Du es auch mit Dir selbst und mit Deinem Leben.

Es liegt im Wesen der Dualität, dass Gott in dieser Welt als ›Sündenbock‹ für alles und jedes herhalten muss. Wir sagten es in unseren vorhergehenden Botschaften: Gott hat einen breiten Rücken. *(Anm. der Verfasserin: humorig und liebevoll)* Wenn wir es Euch wärmstens ans Herz legen, die himmlischen Geschenke freudig anzunehmen, dann reden wir sicherlich nicht von einer fatalistischen, hoffnungslosen Schicksalsergebenheit, nichts weniger als das! Hier ist vielmehr die Rede von blindem Vertrauen in die Liebe und damit vom Vertrauen in Deinen göttlichen Heilsplan, den Deine Seele für Dich erstellt hat. Dann weißt Du, dass das Haar in der Suppe immer nur Dein eigenes ist und sein kann.

Wer sein Leben in diesem Bewusstsein lebt, der macht jeder Furcht vor dem Morgen ein jähes Ende, denn er lebt im Bewusstsein all seiner schöpferischen Kräfte. Der Mensch ist nunmehr in der Lage, die ihm von Gott gegebene Macht freudig zu ergreifen und die Verantwortung zu übernehmen. Ein Leben ohne Verantwortung ist immer freudlos, denn der Mensch verliert und verirrt sich in schalen Gefühlen von Macht- und Bedeutungslosigkeit. Und wo bleibt dann das berüchtigte Haar in der Suppe? Wo ist der Haken? Es gibt keinen!

»Mancher findet nur darum
ein Haar in jeglicher Suppe,
weil er das eigene Haupt schüttelt,
so lange er isst.«
Friedrich Hebbel

Bis hierher und nicht weiter!

Mein lieber Freund, meine liebe Freundin, das Erdenleben definiert sich weitgehend auch durch Begrenzungen aller Art. Das einmalige Sosein des Menschen will in jedem Falle respektiert sein. Dies berücksichtigt auch und in besonderem Maße die individuellen Persönlichkeitsgrenzen. Der Mensch definiert sich über das, was er ist, beziehungsweise über das, was er zu sein glaubt. Wir wissen, dass alles im Leben des Menschen mit seiner Selbstwahrnehmung steht und fällt. Sie ist der Dreh- und Angelpunkt jeglicher Realitätserfahrung.

Die wichtigsten und markantesten Grenzen im Leben sind jedoch diejenigen, die der Mensch sich selbst setzt. Was willst Du und was willst Du nicht? Was ist mit Dir stimmig und was ist es nicht? Was entspricht Deinem Sosein und was läuft ihm zuwider? Viele von Euch tun sich schwer damit, Grenzen zu setzen und somit den Respekt ihrer eigenen Person zu leben. Warum ist das so? Ein Mensch kann immer nur so viel Respekt im Außen erwarten, wie er sich selbst entgegenzubringen gewillt ist. Respekt ist also eine Angelegenheit zwischen dem Menschen und sich selbst.

Wo sich der Mensch die Selbstliebe verweigert, da verfällt er nicht selten in einen Machtrausch, der mit echtem Respekt nicht das Geringste zu tun hat und mit Liebe schon gar nicht. Er verirrt sich in ein tragisches Machtgehabe, das er auf seine

Außenwelt projiziert. Entgegen der gängigen Meinung, kann man echten Respekt nicht einfordern. Respekt ist ein Derivat der Liebe und somit nicht manipulierbar. Der Respekt der eigenen Person ist ein wichtiger Aspekt der Selbstliebe und die direkte Folge davon. Wenn ein Mensch Respekt einfordert, dann kannst Du Dir gewiss sein, dass er ihn sich selbst verweigert.

Wer sich selbst liebt, der respektiert sein ureigenes, heiliges Sosein unbedingt. Sicheren, festen Schrittes geht er durch sein Leben. Vor allem aber weiß er, wohin er geht, er weiß, wohin er will und wohin nicht. Unbeirrt geht er den Weg der Liebe. Ein Mensch, der sich selbst liebt, geht immer den Weg der Liebe, denn er kann keinen anderen Weg wollen. Er hat erkannt, dass es keinen anderen Weg gibt, den zu gehen sich lohnt.

Der Lockruf der Angst tönt laut in Eurer Welt. Und so ist es, dass der Mensch sich, von Angst gedrängt, oftmals zu einem »Ja!« genötigt fühlt, wo er doch »Nein!« meint. Doch der Verrat an sich selbst lastet schwer auf dem Herzen und auch auf dem Gemüt. Selbstverrat untergräbt das Gespür für den eigenen Selbstwert und unterminiert das gesunde Selbstvertrauen. Wir wollen nicht vergessen, dass die Welt Dich spiegelt. Wenn Du Dich selbst respektierst, dann wird Dein Leben Dir das unweigerlich reflektieren.

Wir sagten, Respekt kann man nicht einfordern. In der Tat, man kann ihn nicht einfordern, auch nicht von sich selbst. Respekt fordert man nicht ein, Respekt schenkt man sich. In dem Maße, in dem Du Dich selbst liebst, wirst Du dies unweigerlich tun. In der Selbstliebe definierst Du Dich selbst völlig neu und auch Deine ganz persönlichen Grenzen. Ja,

Du wirst Deine Grenzen neu definieren. Immer häufiger und immer mehr wirst Du Dich der Angst verweigern und damit den Sackgassen des Lebens, die sie Dir zu bieten hat. Du setzt Deiner Leidensbereitschaft eine mächtige Grenze. Wo Liebe ist, da sind Wunder möglich und da geschehen sie. Liebe ist das Wunder.

Das ist Respekt vor Dir selbst und Deinem Sosein: Du setzt Deiner Leidensbereitschaft eine Grenze und verweist sie in ihre Schranken. Wichtiger, wertvoller und kostbarer kann eine Grenze nicht sein: Bis hierher und nicht weiter! Wo Du aber das Leid in Schranken weist, da ist Gott ganz nahe.

»Wenn man einen Menschen
nicht verlieren will,
muss man seine verwundbare
Stelle respektieren.«

Elise Pinter

Der Heuchler in Dir

Meine liebe Freundin, mein lieber Freund, als Heuchelei bezeichnet man das Sich-verstellen zum Vortäuschen nicht vorhandener Gefühle, Eigenschaften oder Ähnlichem. Genau das ist es, was die Angst im Menschen anrichtet und tut. Angst gibt vor, Dich vor Gefahr zu warnen und in dieser Weise zu beschützen. Dabei verschleiert sie auf raffinierte Art, dass sie selbst die Gefahr ist. Tatsächlich ist die Angst selbst die einzige Gefahr, die es gibt und geben kann. Nun, im Grunde und in Wahrheit ist sie noch nicht einmal das, wissen wir doch um den illusorischen Charakter der Angst. Angst ist Illusion und so kann auch die Gefahr niemals eine wirkliche sein. Wir sagten es bereits, es gibt keine wirkliche Gefahr.

Angst hat viele Gesichter und Ihr kennt sie alle. Hier wollen wir nun die Angst vor der Selbstliebe in den Fokus unserer Betrachtungen stellen. Die Angst vor der Selbstliebe ist wohl die tragischste Form von Angst, sie tarnt sich zumeist als Angst vor Selbstüberschätzung. Zutiefst überzeugt von seiner Mangelhaftigkeit, fürchtet der Mensch in Hochmut und Größenwahn zu verfallen, wenn er sich liebend zu sich selbst bekennt.

Mit unerbittlicher Strenge steht der Mensch sich selbst gegenüber. Fortwährend beurteilt er sich, dabei schneidet er nur selten gut ab und die Beurteilung pervertiert zur Verurteilung. Gnadenlos prangert der Mensch sich selbst an. Wessen bezichtigt er sich? Menschen verurteilen sich selbst für ihr wundervolles, einmaliges Sosein. Eine andere Angriffsfläche hat die Angst nicht und mehr braucht sie nicht.

Steht der Mensch denn einmal anerkennend und stolz vor sich selbst, dann gemahnt ihn die Angst zur Bescheidenheit. So rügt sie den Menschen unerbittlich bei jedem Anflug von gottgewollter Selbstliebe. Ihr fürchtet Eure eigene Größe, jeder Mensch tut das. Wir wollen nicht vergessen, wo Ihr seid. Ihr lebt in irdisch-materiellen Gefilden, Ihr seid der Dualität unterworfen und damit der Trennungsillusion. Ihr seid der Einheit mit Gott nicht gewahr und fühlt Euch als ein vom Schöpfer getrenntes Einzelwesen. Dies muss unweigerlich Angst vor Selbstliebe hervorbringen, denn nunmehr identifizierst Du Dich nicht mehr mit Deinem Schöpfer.

Ihr fühlt Euch also von Eurem Schöpfer entfremdet und in der Angst vor Selbstliebe findet diese unselige Entfremdung ihren traurigen Höhepunkt. Die Angst gemahnt Dich also zur Bescheidenheit. Diese Bescheidenheit ist getarnter Größenwahn, denn sie gibt vor, dass Du etwas anderes bist als Dein Schöpfer. Diese Bescheidenheit setzt voraus, dass Du ein von Gott getrenntes Einzelwesen bist, dass Du eine von ihm unabhängige Existenz hast. Doch wir wissen, Gott ist ›Alles-was-Ist‹. Es gibt kein ›Außerhalb-von-Gott‹. Wir sagten es bereits in Band I unserer Botschaften: Wer sich selbst liebt, der gibt Gott recht. Also denke groß von Dir, Dein Schöpfer tut es auch. Wer auf Knien sucht, findet nur, was unten liegt.

Immer dann, wenn Du Angst hast, dann suchst Du auf Knien nach Dir selbst. Doch unten findest Du Dich selbst nicht, dort findest Du nur die Angst. Du bist ewig das, was Gott schuf, Du bist Liebe. Das ist wahre Bescheidenheit: die Anerkennung dieser Tatsache, die Anerkennung der göttlichen Gegenwart in Dir. Hier hat das Ego keinen Platz, denn hier herrscht wahre Demut. Tatsächlich kommen wir bei der Selbstliebe niemals um die Demut umhin. Und niemand, der sich selbst wahrhaft liebt, würde es wollen. In der Demut spiegelt sich die grenzenlose Dankbarkeit für das, was Du bist. Selbstliebe ist niemals Selbstüberschätzung. Tatsächlich kannst Du Dich nie zu hoch einschätzen. Kannst Du Gott bewerten? Kannst Du ihm einen Wert beimessen? Warum tust Du es dann mit Dir?

Nur innerhalb der Trennungsillusion ist derartiger Unsinn halbwegs sinnvoll und nachvollziehbar. Im Lichte der Einheit mit Gott ist er unmöglich. Suche Dich selbst nicht auf Knien! Suche Dich selbst hocherhobenen Hauptes und mit stolzgeschwellter Brust. Sieh mit grenzenlosem Wohlwollen auf Dich selbst, Dein Schöpfer tut es auch. Dann bist Du ihm ganz nahe. Wer aber Gott nahe ist, der ist bei sich selbst angekommen.

»Die Erkenntnis seiner eigenen Kraft
macht bescheiden.«

Paul Cézanne

Der Liebe Heimat – Die Bitte um Asyl

Mein lieber Freund, meine liebe Freundin, der Liebe Heimat ist überall. Liebe ist allgegenwärtig, weil Gott es ist. Liebe ist überall dort, wo sie willkommen ist. Diese Einschränkung, die im Grunde und in Wirklichkeit keine ist, bedarf der näheren Betrachtung. Wir wissen, dass Liebe sich niemals aufdrängt. Was immer sich aufdrängen mag, es kann keine Liebe sein. Auch wissen wir, dass Liebe immer und überall gegenwärtig ist. Nur dort, wo sie willkommen ist, ist Liebe wahrnehmbar.

Hier, im Lichte der Einheit, ist die Allgegenwart der Liebe selbstverständlich. Sie ist vollkommen offensichtlich, sie ist allzeit spürbar. Nicht so in irdischen Gefilden, denn hier hat der Mensch die Wahl, er hat die Wahl zwischen Liebe und Angst. Immer dann, wenn der Mensch Angst hat, dann hat er die Allgegenwart der Liebe übersehen. Er hat sie dort übersehen, wo sie ist: in sich selbst. Wo, wenn nicht dort, könnte sie zu finden sein?

Selbstliebe allein macht die Allgegenwart der Liebe Gottes für den Menschen wahrnehmbar. Der Schlüssel steckt von innen, das tut er immer. Die Liebe zu Dir selbst ist die Liebe in Dir selbst. Den direkten und unmittelbaren Zusammenhang von Selbst- und Nächstenliebe haben wir in Band I unserer Botschaften erörtert. Beide sind unabdingbar aneinandergekoppelt. Nächstenliebe ist die direkte und einzig mögliche

Konsequenz der Selbstliebe. Liebe dehnt sich aus, sie pflanzt sich fort in alle Richtungen gleichermaßen und gleichzeitig.

Die ganze Schöpfung ist also der Liebe Heimat. Wie im Himmel, so auf Erden. Du aber kannst das nicht sehen, denn Du bist von der Dualität geblendet. Wir wollen nicht vergessen, dass genau das ihr heiliger Sinn und Zweck ist, den Du zum Zwecke der Selbsterkenntnis frei gewählt hast. So lebst Du also inmitten der Dunkelheit, denn die Trennungsillusion leistet wahrlich ganze Arbeit. Du wähnst Dich in einer ›gottlosen Zone‹ und die Welt nährt diesen Glauben in gehörigem Maße.

Es kommt, wie es kommen muss: Du hast Angst! Wir sollten uns völlig darüber im Klaren sein, was denn da genau geschieht, wenn Du Angst hast. Wenn der Mensch der Angst erliegt, dann hat er Gott bereits übersehen. Wo die Gegenwart Gottes wahrgenommen wird, kann es unmöglich zu Angst kommen. Liebe und Angst schließen sich auf ewig vollkommen aus. Du hast also Angst und die Lage scheint fatal und ausweglos. Doch wir wissen, dass wir einer Illusion erlegen sind, wir wissen um die Allgegenwart der Liebe. Mit anderen Worten: Gott ist auch präsent, wenn Du Angst hast. Wann, wenn nicht dann, brauchst Du ihn denn am meisten? Wann bedarfst Du der Liebe mehr und dringender? Niemals bist Du allein in Deiner Not.

Immer dann, wenn Du Angst hast, klopft der Schöpfer an die Pforten Deines Herzens und bittet um Asyl. Die Liebe bittet um Einlass. Sie bietet sich Dir an, immer hoffend, dass Du sie um Deiner selbst willen annehmen mögest. Die Liebe drängt nicht, sie hämmert und pocht nicht wild an den Toren Deines Herzens. Viel Lärm um nichts ist Sache des Ego und nicht Sache der Liebe. Sie bietet sich an, sie tut nichts, sie ist einfach nur da. Die reine Präsenz der Liebe genügt, das tut sie immer.

Wie gesagt, Du hast allzeit die Freiheit der Wahl. Und so liegt die Entscheidung, wie Du Dich wahrnehmen und definieren willst, ganz bei Dir. Was willst Du also, geliebter Mensch? Willst Du weiterhin in der Dunkelheit der Illusion von Trennung und Einsamkeit verweilen und ausharren? Willst Du das ertragen und wenn ja, warum? Oder willst Du Dich vielmehr endlich Deinem inneren Licht zuwenden und den weiten Raum der herrlichen, göttlichen Wirklichkeit betreten?

Die Einladung der Liebe ist eine ewige. All die Dunkelheit, die Du in Deiner Außenwelt wahrnimmst, ist nur ein Spiegel für die Dunkelheit, die in Deinem eigenen Herzen herrscht, wenn Du Dich der Liebe verweigerst. Gottes Bitte um Asyl ist die ewige Einladung an Dich, das Licht der Selbstliebe in Deinem Herzen zu erkunden, zu erforschen und zu erkennen. Du musst es nicht erst entzünden, denn es ist allzeit gegenwärtig. Sieh, Du hattest es nur übersehen.

»Die Seele ist Gott,
der in dem menschlichen Körper
sein Asyl gefunden hat.«

Lucius Annaeus Seneca

Wer den Tag vor dem Abend lobt

Meine liebe Freundin, mein lieber Freund, der Volksmund sagt, man solle den Tag nicht vor dem Abend loben. Diese und ähnliche Redewendungen zeugen vom tiefen Misstrauen des Menschen in das Leben als solches und damit in Gott. Von den allseits gefürchteten Unwägbarkeiten des Lebens war bereits die Rede und auch von Eurer Unwissenheit um die Zukunft sprachen wir schon.

Hier, im Lichte der Einheit, stellen sich die Dinge völlig anders dar. Wir sind nicht der Zeit unterworfen. Hier gibt es nichts als die Ewigkeit, also die Abwesenheit von Zeit und damit reines, pures Sein. Es ist fast unmöglich, das Leben in der göttlichen Wirklichkeit in irdisch-kompatible Worte zu kleiden, wir können uns der Wahrheit verbal immer nur annähern. Am nächsten kommt Ihr der Wirklichkeit dann, wenn Ihr liebt. Wir wissen, dass Ihr Euch in dieser Weise jederzeit über die Dualität erheben könnt. Ihr hebelt sie aus und bekommt eine völlig neue Sichtposition. Ihr betrachtet die Dinge ›von oben‹, Ihr seht durch Gottes Augen.

Der Liebe folgt das Vertrauen mit absoluter Gewissheit auf dem Fuße, denn nirgendwo ist der Mensch sicherer und tiefer geborgen, als in der göttlichen Wirklichkeit. Hierher dringt keine Illusion jemals vor. Liebe ist unüberwindlich. Sie ist die Macht, die jegliche Illusion hinwegfegen und dahinraffen kann – in einem einzigen Augenblick. Liebe wischt die

Angst hinweg und sie tut es vollkommen mühelos, gerade so, wie Du einen Krümel von Deiner Kleidung wischst, mit einer beiläufigen, winzigen Bewegung Deiner Hand, kaum merklich und ohne jede Anstrengung. Warum auch sollte es anders sein? Die Wirklichkeit macht nicht viel Aufhebens um die Illusion. Was schert sich die Wahrheit um die Lüge? Wahrheit ist unangreifbar, das macht sie aus.

Der Mensch misstraut also dem Leben. Ständig rechnet er mit drohendem Ungemach und mit Unheil. Gerade so, als sei das Leben ein riskantes Glücksspiel mit geringen Gewinnchancen und ungewissem Ausgang. Wie ein Damoklesschwert, das jederzeit herniederfahren kann, scheint die Gefahr ständig über seinem Haupte zu schweben. Wen wundert es also, dass Euch angesichts einer solchen Lebenseinstellung die Lebensfreude und der Spaß abhandenkommen? Der in dieser Weise geblendete Mensch ist – einmal mehr – den Wahrnehmungsverzerrungen der Angst anheimgefallen. Er ist erblindet, obwohl er sich doch sehend wähnt.

Menschen rechnen also ständig mit dem Schlimmsten. Dabei übersehen sie das Beste. Ihr versteht Euer Leben nicht, Ihr wisst nicht, wie und warum Euch dieses oder jenes geschieht und widerfährt. Das ist es, was das Leben in irdischen Gefilden so maßlos ehrenwert macht, denn Ihr habt Euch vor der Inkarnation bewusst für das Vergessen entschieden. Ihr versteht Euer Leben nicht, dennoch beurteilt und verurteilt Ihr es. Ihr teilt es ein in Glück und Unglück, in Freude und Leid, denn so will es die Dualität. Die Wirklichkeit hinter alledem ist jedoch eine sehr viel größere. Wir sagten es bereits, die Wirklichkeit birgt immer Trost. Und so ist es, dass Ihr den Segen nicht erkennen könnt, der jedem Fluch immer auch innewohnt. Ja, der Fluch führt auf direktem Wege zum Segen, das tut er immer.

Die Dualität vereitelt Euren Blick auf diese Tatsache, doch im blinden Vertrauen auf die Liebe des Schöpfers könnt Ihr die Wahrheit unserer Worte erahnen. Wir wiederholen es gerne für die Skeptiker unter Euch: So etwas wie Gefahr gibt es im letzten Sinne nicht und kann es niemals geben. Die Angst lässt Euch Gefahr wahrnehmen und die Egoillusion ist wahrlich täuschend echt. Man muss im Leben mit allem rechnen, auch mit Gott. Und sowie Du dies tust, wirst Du getrost den Tag vor dem Abend loben.

»Liebe will ich liebend loben,
jede Form, sie kommt von oben.«
Johann Wolfgang von Goethe

Vom Wolf im Schafspelz

Mein lieber Freund, meine liebe Freundin, die Angst als solche hat sich in Eurer Welt, so wie sie sich darstellt, wahrlich mit allen Wassern gewaschen. Die Illusion tarnt sich als Wirklichkeit und so glaubt Ihr, Angst sei berechtigt. Das ist sie jedoch niemals und von dieser Regel gibt es keine Ausnahme. Angst ist ein Wolf im Schafspelz, denn sie gaukelt Dir ein Trugbild, ein Zerrbild Deiner Wirklichkeit vor, die sie zu verschleiern versucht. Sie gaukelt Dir vor, Dich warnen und schützen zu wollen. In welcher Tarnung die Angst sich auch zeigen mag, als Zorn, Eifersucht, Missgunst, Egoismus, Hass oder Hochmut, so bleibt sie dennoch, was sie ist: einfach nur Angst.

Wir wissen jedoch, dass die Wirklichkeit uns niemals trostlos zurücklässt, so auch hier. So sehr die Angst auch ein Wolf im Schafspelz ist, so sehr ist sie doch auch ein Schaf im Wolfspelz. Wir erinnern an den illusorischen Charakter der Angst als solche. Was kann sie Dir anhaben? Was kann sie Dir anhaben, entbehrt sie doch jeglicher Wirklichkeit?

Angst bläht sich immer auf, sie erscheint mächtig und stark, doch das ist sie nicht. Immer wenn Du Angst hast, dann lügt Dein Ego. Angst ist Ego und Ego ist Lüge. Was kann die Lüge der Wirklichkeit anhaben? Sowie die Lüge als das erkannt ist, was sie eben ist, ist sie nicht mehr. Es gibt sie nicht länger, sie hat sich einfach aufgelöst, ist zerplatzt, wie eine Seifenblase. Von der Angst wird nichts mehr sein, gerade so, als sei sie nie gewesen.

Wenn Du also in die göttliche Wirklichkeit hinein erwachst, dann wird aus dem Wolf im Schafspelz ein Schaf im Wolfspelz, denn nun hast Du die Angst enttarnt. Das ist die Entmachtung der Angst. Ist eine Illusion als solche erkannt, dann gibt es sie nicht länger. Wir sollten uns immerfort die Unantastbarkeit der göttlichen Wirklichkeit ins Gedächtnis rufen. Wer sich auf die Wirklichkeit beruft, der ist immer auf der sicheren Seite. In dem Maße, in dem Du Dich auf Deine gottgegebene, ewige Wirklichkeit besinnst, verliert der böse Wolf seinen Schrecken und Du erkennst das innewohnende harmlose Schaf, das Dir niemals etwas anhaben kann.

Die materielle Welt ist eine Welt der Illusionen. Zu diesem Zweck ist sie gegeben, denn so willst Du es. Und hier hat sich die Angst, wie gesagt, mit allen Wassern gewaschen. Sie mag tückisch, listig, raffiniert und durchtrieben sein, denn so erfahrt und erleidet Ihr sie, dennoch ist sie Illusion. Kein Mensch geht auf Erden, der nicht ein Klagelied von Angst singen könnte. Sie ist die Eintrittskarte in die Welt der Materie und weil Ihr weise seid, kauft Ihr sie freudigen und mutigen Herzens. Wir wollen nie vergessen, dass es wirkliche Gefahr niemals geben kann. Die Seele weiß das. Kannst Du denn wirklich glauben, nur für einen Augenblick, der Schöpfer würde sein geliebtes Kind je einer wirklichen Gefahr aussetzen? Weil Liebe wirklich ist, können Bedrohung und Gefahr es niemals sein. Liebe und Gefahr können unmöglich nebeneinander existieren.

Hier, im Lichte der Einheit, ist dies alles vollkommen offensichtlich. Wir sind im Lichte, weil wir Licht sind. Ihr jedoch wähnt Euch in tiefer Dunkelheit und doch ist auch diese Dunkelheit nichts als Illusion. Auch Du bist das Licht. Du selbst bist das Licht, das Du so verzweifelt suchst und zu finden hoffst. Du bist das Licht und wenn Du es wagst, Dir selbst Liebe entgegenzubringen, dann wirst Du es erkennen. Das Licht in Dir, es ist Dein eigenes und gleichwohl das Licht Gottes, denn siehe, Du und Er, Ihr seid eins.

»Jede Illusion muss
einmal zerrinnen.«
Honoré de Balzac

Wenn die Schatten fliehen

Meine liebe Freundin, mein lieber Freund, in der Welt der Materie wirft alles, aber auch alles, seine Schatten. Nur das Licht als solches wirft keinen Schatten. Licht wirft keinen Schatten! Licht ist Liebe und Liebe ist Licht. Und weil Liebe kein Gegenteil hat, wirft Licht keinen Schatten. So bietet auch Eure schöne Welt Euch wertvolle Hinweise auf die göttliche Wirklichkeit. Wer mit offenen Augen und offenen Herzens durchs Leben geht, der kann sie sehen und versteht, sie richtig zu deuten.

Liebe hat kein Gegenteil und wie wir wissen, ist auch Angst nicht etwa das Gegenteil von Liebe, sondern vielmehr ein Mangel ihrer Wahrnehmung. Dieser Unterschied mag geringfügig erscheinen, doch ist er letztlich alles entscheidend. Wäre Angst das Gegenteil von Liebe, dann könnte es die Liebe nicht geben, denn dann wäre sie genauso illusorisch wie die Angst. Wäre die Angst wirklich, dann könnte die Liebe es nicht sein.

Liebe ist Wirklichkeit und sie ist die einzige, die Gott je schuf. Nichts anderes ward jemals geschaffen. In der göttlichen Wirklichkeit gibt es keine Schatten, keine Ängste, keine Illusionen. Hier ist Licht und nichts als Licht. Wo Licht ist, da kann kein Schatten sein, denn – anders als in Eurer dualen Welt – können Licht und Schatten nicht gleichzeitig existieren. Licht ist Licht und Dunkelheit ist Dunkelheit. In dem Maße, in dem Du der Liebe in Deinem Leben Einlass gewährst, fliehen die Schatten aus Deinem Leben. Wo Licht ist, da kann kein Schatten sein, denn Schatten ist die Abwesenheit von Licht.

Die dunklen Flecken in Deinem Leben sind Dir ein deutlicher Fingerzeig auf die Bereiche in Dir, die Deiner Heilung bedürfen. Die dunklen Flecken in Deiner Selbstwahrnehmung harren der Heilung und wir wissen, dass Liebe die einzige Arznei ist, die es geben kann. Die eigenen Schattenanteile wollen mutig erkundet und erforscht sein. Wie kannst Du heilen, was Du nicht anerkennst?

Menschen fürchten sich vor sich selbst, sie fürchten Ihre Schattenanteile, denn sie wähnen sich vom Schöpfer getrennt. Diese Furcht vor dem ureigenen Sosein ist also eine direkte und unmittelbare Folge der Trennungsillusion. Was glaubst Du, wer und was Du bist? Es ist ewig vollkommen unmöglich, Heilung außerhalb von Liebe zu finden, weil es kein Außerhalb-von-Liebe gibt. Und so sagen wir es Euch erneut, wie schon in unseren vorangehenden Botschaften: Du kannst Dein Ego nicht weghassen, Du kannst immer nur heilen, was Du liebst. Du kannst Dein Ego nur gesundlieben!

Was aber gesundgeliebt ist, das ist nicht länger Ego: Die Illusion löst sich auf. Was bleibt? Was bleibt dann übrig von Dir? Liebe und nichts als Liebe! Was sonst? Nichts anderes ward je geschaffen. Schatten sind Illusion und Illusionen kommen und gehen, das Wirkliche bleibt. Licht wirft keinen Schatten!

»Wo viel Schatten ist,
muss viel Licht verborgen sein.«

Laotse

3. Teil

Freier Wille – Der Joker im Kartenspiel des Lebens

Wenn die Sorgen sich lächerlich machen

Mein lieber Freund, meine liebe Freundin, auch in Eurer Welt können Sorgen sich lächerlich machen. Das können sie durchaus und sie tun es immer dann, wenn Du ihnen keine Macht über Dich einräumst. Die Dinge haben immer die Bedeutung und den Stellenwert, die Du ihnen zuschreibst – und auch das Gewicht, das Du ihnen verleihst. So will es Deine gottgegebene schöpferische Macht.

Diese schöpferische Macht kannst Du nicht aushebeln, niemand kann das und niemand würde es wollen. Die Unantastbarkeit des freien Willens ist die Grundvoraussetzung für jegliche Selbsterkenntnis, denn eine Macht ist nur dann eine Macht, wenn sie frei genutzt werden kann und darf. Wie, wenn nicht durch seine Nutzung, könntest Du also zur Erkenntnis Deines schöpferischen Potenzials erwachen?

Vielen Menschen fällt es schwer, das Konzept des freien Willens zu akzeptieren und sie wehren sich vehement dagegen. Für viele unter Euch ist es erschreckend, weil es Euch auf Eure Eigenverantwortlichkeit zurückwirft. Der Mensch fürchtet nicht selten die Verantwortung, weil er sie mit Schuldfähigkeit verwechselt, wir sagten es bereits an anderer Stelle. Doch Verantwortung und Schuldfähigkeit sind Konzepte, wie sie gegensätzlicher nicht sein könnten. Dies bedarf der näheren Betrachtung.

Ihr fürchtet Euch vor Euch selbst. In Unkenntnis Eurer wahren Identität seid Ihr blind für Eure gottgegebene Größe. Und so fürchtet Ihr Euch davor, Verantwortung zu übernehmen und Entscheidungen zu treffen. Ihr habt Angst vor Fehlverhalten und Versagen. In Band VI sprachen wir davon. Wenn wir immer wieder darauf zurückkommen, dann deshalb, weil dieser Aspekt menschlichen Lebens einer der wichtigsten Eckpfeiler für jegliche Persönlichkeitsentwicklung ist. Und so sagen wir Euch erneut, ja, wir rufen es Euch zu: So etwas wie Versagen und Fehlverhalten gibt es nicht! Wer sollte das bitte beurteilen? Und nach welchen Kriterien? Du bist Geist von Gottes Geist, Du bist eins mit ihm. Es gibt keine Instanz über Dir. Es gibt nichts über Dir, alles ist in Dir.

So etwas wie Versagen und Fehlverhalten gibt es also nicht. Uns ist vollkommen bewusst, dass sich die Dinge aus Eurer irdischen Sichtposition anders darstellen. Das, was sich Euch als Fehlverhalten und Versagen zeigt, sind blinde Flecken in der Selbstwahrnehmung. Es sind all die Aspekte, in denen der Mensch sich noch nicht als Liebe erkannt hat. Jegliches Fehlverhalten und jedes Versagen in dieser Welt ist eine Angstreaktion. Mehr ist es nicht, aber ganz gewiss auch nicht weniger. Alle Last, alle Pein und Drangsal in der Welt sind auf Angst zurückzuführen.

Menschen sind nicht schuldfähig, niemand ist das. Menschen sind unwissend. Ihr wisst nicht, was Ihr tut, wahrlich, Ihr wisst es nicht. Ihr könnt es nicht wissen, weil Ihr nicht wisst, wer Ihr seid. Euch dies zu sagen und es zu bezeugen sind wir gekommen. Wir sind hier, Euch die Augen und das Herz zu öffnen für Euch selbst. Dies ist der einzige Sinn und Zweck all unserer Botschaften. Mehr als Selbsterkenntnis kann es nicht geben. Selbsterkenntnis ist Erlösung, das ist sie immer, denn nie ward etwas anderes erkannt, als Liebe. Es gibt nichts anderes.

Der Mensch fürchtet also die Eigenverantwortlichkeit. Manch ein Zeitgenosse sieht sich denn lieber als Opfer der Umstände und versteckt sich hinter vermeintlichen äußeren Zwängen, die ihm ein launisches Schicksal oder ein gestrenger Gott auferlegt. Mensch, so klein bist Du nicht! Die Illusion der eigenen Machtlosigkeit mag auf den ersten Blick beruhigend anmuten, doch bei genauerem Hinsehen entpuppt sie sich als das genaue Gegenteil. Machtlosigkeit ist Hilflosigkeit und geht immer mit Angst einher.

Dir ist alle Macht gegeben, die es geben kann, denn Du hast völlige Willensfreiheit. Und so ist es, dass sich Deine irdischen Alltagssorgen mitunter lächerlich machen. Das tun sie immer in dem Maße, in dem Du Dir Deiner selbst und damit Deiner wahren Identität bewusst bist. Deine Sorgen mögen Dir groß anmuten, Du bist sehr viel größer. Wie groß Deine Sorgen sind, darüber entscheidet einzig und allein Deine Selbstwahrnehmung. Die aber steht Dir völlig frei.

»Natürlich ist der Glaube an Gott
das allerbeste Heilmittel für alle Sorgen.«
William James

Das Ende der Nachtschicht

Meine liebe Freundin, mein lieber Freund, viele unter Euch empfinden Ihr Leben wie eine nicht enden wollende Nachtschicht. Ihr sehnt Euch nach Erholung. Vor allem aber sehnt Ihr Euch nach Licht und Helligkeit. Die Dunkelheit setzt Euch zu und Ihr seid ermüdet vom Leben. Das ist so legitim wie nachvollziehbar, denn der Mensch ist ein Lichtwesen und das Leben unter solcherart erschwerten Bedingungen ist nie einfach. Der Mensch sehnt sich nach Licht und sieht nicht, dass er doch selbst es ist. Es gibt kein Licht im Außen, weil es kein Außen gibt. Was also kannst Du tun?

Wir sprachen vom freien Willen des Menschen. Du kannst die Nachtschicht beenden. Du kannst ihr jederzeit ein Ende setzen und nach Hause gehen. Die Nacht des Herzens nimmt ein jähes Ende, sowie Du Dich auf Dich selbst besinnst und auf Deine wahre Identität, die Dein inneres Zuhause ist. Dort wohnst Du, dort ist Deine Heimat, die doch auch die Heimat Gottes ist. Wir wissen, dass es so etwas wie Dunkelheit im letzten Sinne nicht gibt und nicht geben kann. Ihr Menschen erlebt sie jedoch völlig real, das ist uns vollkommen bewusst.

In der göttlichen Wirklichkeit, die auch die Deine ist, gibt es keine Dunkelheit. Hier ist es immer taghell und lichtdurchflutet. Du hast völlige Willensfreiheit und so steht es Dir jederzeit gänzlich frei, wie Du Dich wahrzunehmen gedenkst. Sowie Du Dich für die Liebe entscheidest, geht die Sonne auf. Liebe ist die Sonne, Liebe allein ist das Licht, das Du so dringlich zum Leben brauchst.

Immer dann, wenn Deine Selbstwahrnehmung stimmig ist mit Deiner göttlichen Wirklichkeit, entsteht und ersteht Licht. Mit jedem noch so winzigen Liebeshauch, den Du Dir selbst entgegenbringst, näherst Du Dich der ersehnten Morgendämmerung an. Genauer gesagt, die Morgendämmerung nähert sich Dir an, denn wahrlich, Du bist ihr Schöpfer. Natürlich bist Du das! Wenn Du das vergessen hast, dann hast Du Dich selbst – einmal mehr – übersehen, Du hast vergessen, wer und was Du bist. Wir sind hier, Dich zu erinnern, denn Menschen vergessen schnell, das sagten wir schon an anderer Stelle. *(Anm. der Verfasserin: mit viel Humor und tiefem Verständnis)*

Du allein entscheidest also, wann die Nacht Deines Herzens endet. In dem heiligen Augenblick, in dem Du Dich liebend zu Dir selbst bekennst, ist sie vorbei. Bekenntnis ist immer Bekenntnis zu Dir selbst, ein anderes kann es nicht geben. Auch das Bekenntnis Deiner Liebe zu einem anderen ist letztlich immer ein Bekenntnis zu Dir selbst. Du definierst Dich über das, was Du bist. So banal diese Aussage auch klingen mag, so tiefgreifend ist sie doch auch. Du kannst nicht von Dir behaupten, dass Du Liebe bist, wenn Du sie Dir verweigerst. Niemand kann sich selbst entfliehen und somit kann letztlich auch niemand sich selbst betrügen.

In der Tat, niemand kann sich selbst betrügen, allem irdischen Anschein zum Trotz. Du kannst Dir selbst keine Selbstliebe vorspielen, Du kannst sie nicht heucheln. Liebe ist nicht manipulierbar. Da und dort, wo der Mensch das versucht, wird er unweigerlich bei der Angst ankommen. Der Versuch, Liebe zu heucheln, kann nur kläglich scheitern und mit der Selbstliebe ist das nicht anders. Der Versuch, Selbstliebe zu heucheln – ein müßiges und tragisches Unterfangen – endet immer mit Egoismus. Die Dinge sind, was sie sind und Egoismus ist eben nicht Liebe, Egoismus ist eine Ausgeburt der Angst.

Wahre Selbstliebe läutet immer und unfehlbar das Ende der Nachtschicht ein. Augenblicklich geht in Deinem Herzen die Sonne auf und strahlend helles Licht erwartet Dich. Lang und dunkel war die Nacht, lass die Sonne aufgehen, worauf wartest Du?

»Das Licht der Herrlichkeit
scheint mitten in der Nacht.
Wer kann es sehen? Ein Herz,
das Augen hat und wacht.«
Angelus Silesius

Der Ast, auf dem wir sitzen

Mein lieber Freund, meine liebe Freundin, alles im Leben steht und fällt mit Deiner Selbstwahrnehmung. Das ist so für jedes Wesen in Gottes wunderschöner Schöpfung. Die Selbstwahrnehmung ist der Ast, auf dem wir sitzen. Wenn wir immer wieder auf diese Zusammenhänge zu sprechen kommen, dann damit Dir dieses Bewusstsein in Fleisch und Blut übergehen möge. Die alles entscheidende Bedeutung der Selbstwahrnehmung kann also gar nicht hoch genug eingeschätzt werden.

Dieses Bewusstsein holt den Menschen aus seiner Opferhaltung heraus. Dein Leben liegt in Deiner Hand. Deine Geschicke unterliegen Deiner Selbstwahrnehmung und Deine Selbstwahrnehmung unterliegt Deinem freien Willen. Du darfst auf Dich selbst blicken, wie immer es Dir beliebt. Wie willst Du auf Dich selbst schauen?

Wenn Du mit den Augen Gottes schaust, dann wirst Du immer nur Liebe erblicken. Wenn Du hingegen Deinem Ego recht geben willst, dann wirst Du Angst und daraus folgerndes Opferdasein entdecken. Wem also willst Du recht geben?

Wenn Du Dich für die Selbstsicht des Ego entscheidest, dann sägst Du den Ast ab, auf dem Du doch sitzt, denn Du bist der Ast. Es gibt kein Außen. Du beschneidest Dich selbst. Ego ist Angst und Angst ist immer Selbstverstümmelung. Wenn Du Angst hast, dann spaltest Du Dich ab von Dir selbst, von Deiner wahren Identität, und kannst Dich selbst nicht mehr klar wahrnehmen. Wer Angst hat, der spürt sich selbst nicht mehr, im wahrsten Sinne des Wortes. Wer kann das wollen?

Der Mensch definiert sich über viele Dinge, allen voran die gemachten Lebenserfahrungen. Deine Erfahrungen prägen Dein Selbstbildnis, so will es Dir scheinen, doch Dein Selbstbild ist entscheidend für Deine Erfahrungen. Wir möchten Euch dies an einem einfachen Beispiel erläutern: Ein lieber Freund macht Dir eine freche Bemerkung. Wenn Du Dich selbst liebst, dann wirst Du seine Anmerkung mit einem milden Lächeln quittieren. Sie wird Dich nicht aus der Fassung bringen. Anders bei demjenigen, dessen Selbstbildnis auf wackeligen Beinen steht. Er wird beleidigt sein, zutiefst verstört und verunsichert. Unsere beiden Probanden erleben die gleiche Situation also völlig unterschiedlich. Wer hat recht? Wer von beiden erlebt die Situation richtig? Beide – jeder entsprechend seiner ureigenen Selbstwahrnehmung.

Je tiefer der Mensch sich auf die Sicht Gottes, also auf die Selbstliebe, einzulassen wagt, desto sicherer und fester werden seine Schritte durchs Leben. Einen Menschen, der sich wahrhaft liebt, kann nichts aus der Fassung bringen. Er ist wie ein Fels in der Brandung. Sind das nicht wundervolle Aussichten? Wo es an Selbstliebe mangelt, da ist der Ast wahrlich brüchig. Wie auf morschem Holz sitzend, droht der Mensch jederzeit abzustürzen, ins Bodenlose seiner Angst.

Du bist der Mensch, Du bist auch der Ast – und Du bist die Säge. Alles obliegt Deinem freien Willen. Ergreife Deine gottgegebene Macht der Selbstdefinition und nutze sie! Mit jedem Liebeshauch, den Du Dir selbst entgegenbringst, stärkst Du Dich selbst und damit auch den Ast, auf dem Du sitzt. Und was ist dann mit der Säge? *(Anm. der Verfasserin: mit Humor)* Mit jedem Liebeshauch, den Du für Dich selbst hegst, sägst Du an Deinen Ängsten. Sinnvoller und weiser kann kein Mensch eine Säge nutzen. Dazu ist sie von Gott gegeben. Du hast alle Willensfreiheit und Du solltest sie zu Deinem größten Nutzen und Segen einsetzen. So kommst Du Dir selbst immer näher und damit auch Deinem Gott. Ihr seid eins und nur im Bewusstsein der Liebe kannst Du diese ewige, heilige Allianz wahrnehmen.

Nutze Deine Säge, doch nutze sie an den richtigen Stellen. Säge an Deiner Angst und hinfort mit ihr! Dazu ist der freie Wille gegeben.

»Frei hat Gott die Menschen geschaffen,
damit diese sich selbst ihr Schicksal bereiten.«

Gustav Freytag

Freiheit, die mein Herz begehrt

Meine liebe Freundin, mein lieber Freund, der Mensch wähnt sich auf Erden vielen Zwängen unterworfen. Die Wirklichkeit ist jedoch eine andere, denn tatsächlich ist Dir alle Freiheit gegeben, die es nur geben kann. Ja, Dir ist alle Freiheit gegeben, wie im Himmel, so auf Erden, denn Du hast die Freiheit, zu lieben.

All jenen, die nun missbilligend und verächtlich die Nase rümpfen, sei gesagt, dass sie die Tragweite unserer Worte nicht verstanden haben. Du hast die Freiheit, zu lieben und mit ebendieser Freiheit hast Du alle Freiheit, die es gibt und die es jemals geben kann. Warum ist das so? Liebe ist alles, was es gibt. Es gibt keine andere Wirklichkeit. Wenn aber nur Liebe Wirklichkeitsgehalt hat, was könnte denn sonst noch angestrebt werden? Die Freiheit der Liebe ist die Freiheit für die Liebe. Liebe ist vollkommen frei, lässt frei und macht frei.

Liebe befreit. Sie macht frei von jeglicher Angst, Drangsal und Not. Mehr Freiheit kann nicht sein. Die Freiheit von Angst ist die höchste Form der Freiheit und in Eurer Welt die einzig mögliche. Nichts anderes kann sein, das da erstrebenswert wäre. Sowie Du frei bist von jeglicher Angst, bist Du frei für die Liebe.

Wir erinnern an Deine gottgegebene Willensfreiheit. Da ist nichts und niemand, der Dir eine Wahl aufzwingen könnte, niemand, der das wollen würde. Du bist vollkommen frei, Du musst es nur erkennen. Solange Du Dich für die Angst entscheidest, wirst Du schmerzvoll nach Freiheit suchen und sie erflehen. Sowie Du Dich der Liebe zuwendest, ändert sich Deine Wahrnehmung völlig. Die Dinge kehren sich auf wundersame Weise um. Nunmehr ist Dein Blick ungetrübt und Du hast völlig klare Sicht auf Deine Freiheit.

Liebe ist Freiheit, nichts anderes. Niemand, der liebt, wird sich je wieder mit weniger zufriedengeben wollen. Liebe ist Freiheit und wie die Liebe selbst, so ist auch Freiheit ein Superlativ. Wir sagten es bereits an anderer Stelle: Es gibt nicht ›ein bisschen‹ Freiheit. Eine partielle Freiheit ist eine Illusion von Freiheit und muss früher oder später in sich selbst zusammenbrechen. Nun, Ihr Lieben, mit der Illusion von Freiheit kennt sich Eure Welt bestens aus und Ihr alle könnt ein Klagelied davon singen.

Wer die Liebe zu sich selbst für sich selbst entdeckt, der sprengt alle Fesseln und alle Ketten, die er sich selbst vormals auferlegte. Das vermag allein die Liebe. Ihr alle singt das Lied von Freiheit, wehmütig klingt es durch die Welt. Eure Sehnsuchtsmelodie ist allenthalben hörbar. Ihr erkennt Eure Freiheit nicht. Ihr seid einem freien Vogel gleich, der sich im Käfig wähnt. Wie aber kann der Vogel seine Freiheit erkennen? Indem er fliegt! Der Vogel erkennt seine Freiheit, indem er sie nutzt. Liebe verleiht auch dem Menschen Flügel.

Die Grenzen, die Du der Liebe auferlegst, sind die einzigen Grenzen, die es für Dich geben kann. Nun wissen wir, dass Liebe grenzenlos ist, sie ist allgegenwärtig. Du aber hast einen freien Willen und so steht es Dir völlig frei, inwieweit Du die Grenzenlosigkeit der Liebe anerkennen und für Dich selbst in Anspruch nehmen willst. Liebe ist frei, sie ist allgegenwärtig. Liebe lässt frei, niemals drängt sie sich auf. Liebe macht frei, sie befreit von jeglicher Angst. Weil Liebe unantastbar ist, so ist es auch Deine Freiheit. Gott selbst verbürgt sich dafür, denn frei hat Er Dich erschaffen.

Deine gottgegebene Wirklichkeit ist unantastbar, Du kannst Deine Freiheit nach Deinem Gutdünken nutzen, wie immer es Dir beliebt. Und eben darum hast Du uneingeschränkte Wahlfreiheit Deiner Selbstwahrnehmung. Nichts kann Dir geschehen, nichts kann Deine Freiheit bedrohen oder einschränken. Du bist, was Du bist und nichts anderes willst Du sein. Es steht Dir jederzeit frei, das zu erkennen. Sowie Du liebst, erkennst Du es. Du bist Liebe und nichts anderes willst Du sein. Du willst das, was ist. Das ist die Freiheit, die Dein Herz begehrt.

»Ich bin ein Knecht, wenn ich nicht liebe,
und ich kann nicht lieben, wenn ich ein Knecht bin.
Wer liebt, weiß, was kein anderer weiß:
Dass die eigene Freiheit und der Wille Gottes
ein und dasselbe sind.«

Friedrich Christoph Perthes

Das Salz in der Suppe

Mein lieber Freund, meine liebe Freundin, Dein freier Wille ist unantastbar. Ihn bewusst zu nutzen ist das Salz in der Suppe des Lebens, es verleiht ihr ihren Wohlgeschmack und ihre Würze. Viele Menschen erschreckt das Konzept des freien Willens, sie fürchten Chaos und Anarchie. Diese Geisteshaltung spiegelt das tiefe Misstrauen sich selbst gegenüber. Der Mensch glaubt, die eigene Verderbtheit müsse durch allerlei Regeln und Gesetze in Schranken und Grenzen gehalten werden.

Die Wirklichkeit ist jedoch eine andere. Tatsächlich sind die Welten mit den wenigsten Gesetzen und Regeln die liebevollsten, glücklichsten und friedlichsten. Wie kann das sein? Wir wissen, dass alles mit der Selbstwahrnehmung steht und fällt. Je liebevoller der Umgang mit sich selbst, je höher entwickelt das Bewusstsein der eigenen göttlichen Liebesnatur, desto friedlicher und glücklicher die Welt und das Leben darin. Ihr jedoch seht und fühlt Euch allerlei Zwängen unterworfen. Je höher entwickelt das Liebesbewusstsein, desto klarer und deutlicher ist auch das Bewusstsein des freien Willens entwickelt. Wir sagten es oft, Liebe öffnet die Augen. Liebe ist die höchstmögliche Form von Willensfreiheit. Je mehr Selbstliebe, desto bewusster erlebt der Mensch seine gottgegebene Freiheit.

Je mehr Du liebst, desto freier kann sich das Leben in all seiner herrlichen Fülle ausbreiten. Da und dort, wo der Mensch liebt, steht er sich nicht selbst im Weg. Wo der

Mensch liebt, da schwindet jede Angst, die das Leben immer ausbremst. Angst bremst das Leben aus, weil sie den Menschen ausbremst. Angst verhöhnt den freien Willen, sie blendet den Menschen für seine Potenziale. Und was Du nicht wahrnimmst, was Du nicht siehst, das kannst Du auch nicht nutzen. Je größer Dein Liebesbewusstsein und je tiefer Dein Vertrauen darin, desto großzügiger bist Du mit Dir selbst.

Der freizügige Umgang mit der eigenen Willensfreiheit öffnet dem Menschen immer Türen, von deren Existenz er vormals noch nicht einmal wusste. Selbstliebe allein macht der Angst des Menschen vor sich selbst ein Ende. Wo der Mensch sich selbst nicht fürchtet, da schwinden auch die Angst und das Misstrauen vor den eigenen Willensbekundungen. Was wäre denn die Schöpferkraft des Menschen ohne seinen freien Willen? Sie wäre nicht denkbar, vor allem aber wäre sie vollkommen unsinnig, denn ohne Willensfreiheit ist Selbsterkenntnis unmöglich. Mit anderen Worten: Der Mensch muss erschaffen können, was er erschaffen will, wenn er sich durch seine Werke selbst erkennen soll. So logisch dies auch ist, so sehr bedarf es doch der Erwähnung.

Viele von Euch glauben also, der freie Wille des Menschen gehöre in Ketten gelegt. Derlei Unsinn ist nur da und dort möglich, wo der Mensch sich selbst Fesseln anlegt. Die Angst des Menschen vor sich selbst, so grotesk sie auch sein mag, ist irdisch-menschliche Erfahrungsrealität. Die Fessel der Angst schneidet tief ins Fleisch der Freiheit, das tut sie immer. Freiheit ist ein Kind der Liebe. Die volle und segensreiche Nutzung der Willensfreiheit setzt also Liebe voraus. Die Freude daran folgt ihr auf dem Fuße.

Je bewusster Du Deine Willensfreiheit erlebst und nutzt,

desto größer Deine Freude an ihr. Du lebst nicht länger auf Sparflamme, sondern vielmehr schöpfst Du Deine vollen Potenziale aus. Wer sich selbst liebt, der wagt es freudig und neugierig, sich selbst zu erkunden, zu erforschen und auszuprobieren. Selbsterkenntnis ist also unabdingbar an die Freiheit Deines Willens gekoppelt. So will es die Liebe. Echte, überschäumende Lebensfreude ist ohne das Bewusstsein des freien Willens nicht möglich, also fürchte Dich nicht vor Deiner Freiheit. Was kann Dir schon geschehen? Was kann dem geschehen, der weiß, wer und was er ist.

»Die Freude ist das Salz im menschlichen Leben.
Ohne Freude ist alles abgeschmackt.«
Wilhelm Heinse

Morgen, morgen, nur nicht heute!

Meine liebe Freundin, mein lieber Freund, Ihr alle kennt das, wenn Ihr unliebsame Dinge aufschiebt. Der Mensch neigt dazu, das aufzuschieben, was ihm Furcht einflößt und nicht selten schiebt er sein Glück auf. Dieser scheinbare Widerspruch bedarf der näheren Betrachtung. In Verkennung seiner wahren Identität misstraut der Mensch sich selbst. Er weiß nicht so recht, woran er ist mit sich selbst und das Misstrauen sitzt tief. Argwöhnisch beäugt er sich selbst.

Wir wollen nicht vergessen, dass das Leben innerhalb der Dualität Euch den Blick versperrt auf Eure göttliche Natur und somit auf die Einheit mit Gott. Auch wissen wir um den illusionären Charakter der Zeit. Zeit ist ein Phänomen der Dualität und an sie gebunden. Alles ist gegeben, Euch zu dienen, so auch die Zeit.

Der Mensch schiebt also nicht selten sein Glück auf. Das tut er immer dann, wenn er sich selbst die Liebe verweigert. Wir haben vorhin gesehen, dass das Bewusstsein des freien Willens eng an die Liebe gekoppelt ist. Dir steht es allzeit völlig frei, Dir selbst Liebe oder Argwohn und Misstrauen entgegenzubringen. Du hast die freie Wahl und wie auch immer Du Dich entscheidest, das Leben wird es Dir unfehlbar spiegeln. Das ist der Sinn und Zweck der Dir geschenkten Zeit: Du darfst in jedem Augenblick Entscheidungen treffen. Dabei darfst Du ebenfalls jederzeit Deine Meinung ändern, eine Kehrtwende machen und eine neue Entscheidung treffen, denn Deine Willensfreiheit ist eine absolute.

Immer dann, wenn Du Dein Selbstbildnis korrigierst, wenn Du Deine Selbstsicht von der Angst zur Liebe hin umkehrst, heiligst Du den Augenblick. Du adelst den Moment, weil Du Dich selbst Gott annäherst und in Gottnähe herrscht immer Glückseligkeit. Doch, wie wir eingangs gesehen haben, der Mensch fürchtet sich selbst. Die Überzeugung, Glück nicht zu verdienen, sitzt ihm wahrhaft tief im Gemüt. Angst ist das schleichende Gift des Herzens, das Dich für Dich selbst blendet. Und so schiebst Du Dein Glück auf, immer in der vagen Hoffnung, dass die Dinge sich irgendwann zum Besseren wenden mögen. Dabei übersieht der Mensch seinen freien Willen und damit die Tatsache, dass er es doch selbst ist, der seine Geschicke lenkt und seines Glückes Schmied ist.

Angst trübt den Blick, sie verzerrt die Selbstwahrnehmung bis zur völligen Unkenntlichkeit. Angst heuchelt dem Menschen vor, Selbstliebe sei gefährlich. Und so kommt es, dass der Mensch dem Braten nicht so recht zu trauen wagt und glaubt, sich in Angst flüchten zu können. In der Angst fühlt er sich in Sicherheit. Wie so oft, hat eine unselige Umkehrung der Dinge stattgefunden. Ein Mensch, der sich vor sich selbst fürchtet, ist kaum lebensfähig und tragischer kann ein Leben nicht sein. Wir sagten es in Band II unserer Botschaften: Du bist es so sehr gewohnt, Angst zu haben, dass Du es vermeidest, keine Angst zu haben, denn das macht Dir Angst. Und so dreht sich der Mensch im Kreise seiner Angst, bis ihm völlig schwindelig ist.

Kaputte Saiten kann man nicht spielen. Dennoch ist es das, was Ihr unablässig versucht, wenn Ihr Euch die Liebe verweigert. Nutze den Augenblick, nutze den Moment! Jeder Augenblick Deines Lebens, der Dir geschenkt ist, steckt voller Potenzial und wenn Du Dich selbst liebst, dann nutzt Du es in vollen Zügen. Mehr kannst Du aus einem Augenblick nicht machen, mehr kannst Du nicht tun, weil es nicht mehr zu tun gibt. Es gibt kein ›Mehr-als-Liebe‹. Sowie Du es wagst, Dich auf Dich selbst einzulassen, Dich selbst zu bejahen und Dich selbst zu lieben, wird auch Dein Zeitempfinden ein völlig anderes.

Der Anfang der Selbstliebe ist immer der Beginn einer neuen Zeitrechnung. Du wirst die Zeit anders wahrnehmen, weil Du Dich selbst anders wahrnimmst. Du wirst anders mit Deiner Zeit umgehen. Du bist nicht länger Sklave Deiner Zeit, sondern vielmehr ihr Herr. In Band II unserer Botschaften sagten wir es bereits: Aus Sicht Deines Höheren Selbst ist Zeit nichts anderes als eine linear angeordnete Abfolge von Liebeschancen. Nur Mut, nutze sie!

»Dieses ist das erste Vorgefühl
zum Ewigen: Zeit haben zur Liebe.«
Rainer Maria Rilke

Weil jede Stimme zählt

Mein lieber Freund, meine liebe Freundin, vor Gott zählt jede Stimme. Jede Stimme zählt, die für Dich abgegeben wird. Vor allen Dingen zählt Deine eigene, denn wir wissen um die alles entscheidende Bedeutung einer geheilten Selbstwahrnehmung. Vor Gott zählt also jede Stimme für dich, denn Er kann allzeit nur Wirklichkeit erblicken. Mit grenzenlosem Wohlwollen sieht Dein Schöpfer auf Dich und Dein Leben. In der göttlichen Wahrnehmung ist nichts als Wirklichkeit. Hier gibt es keinerlei Illusion. Er steigt einfach über sie hinweg und im Grunde und in Wahrheit tut Er noch nicht einmal das, denn wo nichts ist, da gibt es auch nichts, was es zu übersteigen gilt.

Aber woher kommen dann all die Stimmen, die gegen mich sind, so magst Du Dich nun betrübt, sorgenvoll und traurig fragen? Deine Mitmenschen sind Dir nicht immer wohlgesonnen. Oftmals fühlst Du Dich unverstanden, ungesehen und ungeliebt. Wir wissen, dass diese Welt und Dein Leben, so, wie sie sich Dir darstellen, ein getreuliches Abbild Deines Inneren sind. Dein Leben spiegelt Dich. Wann und wo hast Du Dich selbst übersehen? Wann und wo hast Du Dich selbst nicht verstanden? Wann und wo hast Du Dich selbst nicht geliebt?

Immer dann, wenn Du das tust, dann hast Du vergessen, Deine eigene Stimme für Dich selbst abzugeben. Alles ist gegeben, Dir zu dienen, so auch Deine Außenwelt. Sie erinnert Dich ohne Unterlass daran, wie Du Dich selbst wahrnimmst und an welchen Stellen der Hebel der Wahrnehmungskorrektur anzusetzen ist. Nie bist Du allein in Deiner Not! Und niemals – aber auch niemals – ist das Leben gegen Dich. Das kann niemals sein, denn Leben ist Gott und Gott ist Leben.

Da und dort, wo Deine Außenwelt Dir ein klares, uneingeschränktes »Ja!« verweigert, bist Du aufgerufen und eingeladen, Deine Stimme für Dich selbst zu erheben. Was wie ein »Nein!« anmutet, ist ein deutliches »Ja!« Deines Schöpfers. In Eurer Welt – das wisst Ihr – sind die Dinge nur selten das, was sie scheinen.

In dem Maße, in dem Du Dich selbst bejahend annimmst, wird Dein Leben Dir dies spiegeln. Der Schöpfer selbst flüstert Dir sein ewiges »Ja!« ins Herz. Dieses »Ja!« ist unendlich sanft und milde, dennoch könnte es kraftvoller und urgewaltiger nicht sein. Das ist der Ruf Gottes nach seinem Kinde. Das ist Gottes Einladung an Dich.

Angst ist Verleugnung, sie ist die Verleugnung dessen, was ist. Liebe ist gänzlich offenbar, dennoch verleugnet die Angst sie vehement. Mit anderen Worten und ganz einfach ausgedrückt: Angst ist dumm. Nein, nicht der Mensch, der Angst hat, ist dumm! Die Angst als solche ist es. Dies dürfte Euch alle ermutigen, denn im Grunde und in Wahrheit ist Angst ganz leicht zu besiegen. Sie löst sich einfach auf, sowie die Liebe den Raum betritt. Wo Liebe ist, da treten die Schwäche und Machtlosigkeit der Angst unverzüglich und ganz offen zutage. Im Licht der Liebe kann sich die Dunkelheit der Angst nicht halten.

Es ist nicht etwa so, dass der Schöpfer all Eure Mängel und Fehler großzügig und gnädig übersieht. Sein »Ja!« ist kein Akt des Verzeihens, keine Begnadigung eines verurteilten

Straftäters. Vielmehr ist es so, dass Er allein im vollkommenen Bewusstsein Deiner ewig gültigen Wirklichkeit ist. Wenn Du dies vergisst, wenn Du Dir selbst einmal mehr Dein »Ja!« schuldig bleibst, dann frage den, der Dich schuf. Gottes ewiges »Ja!« lässt jede Seele vor Glückseligkeit erbeben. Frage also Deinen Schöpfer und tue es immer wieder. Tue es, wann immer Du Angst hast. Tue es, wann immer Du an Dir selbst zweifelst. Dann korrigiere Dein Selbstbild und mache Dein Kreuzchen an der einzig richtigen Stelle: Wer sich selbst wählt, der wählt seinen Schöpfer. Weil jede Stimme zählt!

»Gott wirft keine Seele weg,
sie werfe sich denn selber weg:
Eine jede ist sich selbst Gericht.«

Jakob Böhme

Vom verlassenen Bahnhof

Meine liebe Freundin, mein lieber Freund, viele von Euch kennen das schale Gefühl von Einsamkeit. In Band II unserer Botschaften war bereits die Rede von diesem Aspekt irdisch-menschlicher Erfahrungsrealität. Hier nun ein erneuter Blick darauf, diesmal aus einer etwas anderen Perspektive. Ihr wisst, wie es sich anfühlt, inmitten von Menschen zu sein und Euch dennoch verlassen zu fühlen. Ihr fühlt Euch dann irgendwie nicht zugehörig und fehl am Platz. Der Mensch wird allein geboren, er stirbt allein und in der Zwischenzeit setzt er alles daran, dieses bittere, mysteriöse Gefühl von Isolation zu überwinden.

Der Mensch braucht das Gefühl von Nähe und Verständnis, er braucht das Gefühl, wahrgenommen und wahrhaft gesehen zu werden in seinem Sosein, er braucht emotionale Wärme. Mit anderen Worten: Der Mensch braucht Liebe. Dies liegt in der Natur der Sache, denn aus Liebe ist er geschaffen. Der Mensch braucht Liebe, damit er sich selbst wahrnehmen kann. Wie, wenn nicht in der Liebe, könnte Deine Seele sich spiegeln? Nun sprachen wir von diesem mysteriösen Gefühl der Einsamkeit, das so viele unter Euch beschleicht. Was ist da passiert? Was ist schiefgegangen?

Wenn der Mensch sich selbst die Liebe verweigert, dann lässt er sich selbst im Stich. Er verlässt sich selbst und ist nicht mehr in seiner inneren Mitte. Ohne Selbstliebe steht der Mensch neben sich, im wahrsten Sinne des Wortes. Der Hebel der Veränderung ist also hier anzusetzen, bei sich selbst.

Das ist immer so, denn wir wissen, es gibt kein Außen. Ein einsamer Mensch genügt sich selbst nicht, das ist der Kern seines Problems. Er verweigert sich die Selbstgenügsamkeit und damit den inneren Frieden, der immer mit Genügsamkeit einhergeht. Wer jedoch sich selbst nicht genügt, dem genügen auch seine Mitmenschen nicht. In dem Maße, in dem das ureigene Sosein liebend angenommen wird, kann auch das individuelle Sosein des anderen akzeptiert werden.

Liebe ist immer das Bindeglied zwischen den Menschen. Sie ist die Euch allen gemeinsame Schnittmenge, sie ist Eure heilige Begegnungsstätte. Einsamkeit hingegen ist eine Illusion, so sehr sie Euch auch zusetzen mag. Ihr wähnt Euch als ›getrennte Einzelwesen‹, doch so etwas wie getrennte Einzelwesen gibt es im letzten Sinne nicht. Alles ist eins. Liebe ist allzeit der Herzöffner. Sie schärft Deinen Blick für die Wahrnehmung der Wirklichkeit. Wo Liebe ist, da finden sich immer Gemeinsamkeiten, denn Liebe ist die Gemeinsamkeit.

Die Erfahrung von Einsamkeit ist in Eurer Welt der Dualität letztlich unvermeidbar. Entscheidend ist, wie sehr sich der Mensch dieser Illusion hingeben will. Mit der Selbstliebe kommt auch die Nächstenliebe. Es ist unmöglich, Liebe und Einsamkeit gleichzeitig zu empfinden, denn Einsamkeit ist ein Derivat der Angst, eine Folge der Trennungsillusion. Auch dürfen wir Einsamkeit nicht mit Alleinsein verwechseln. Wo liegt der Unterschied? Der alles entscheidende Unterschied liegt in der vorhin erwähnten Selbstgenügsamkeit. Am Beispiel der Katze sprachen wir in Band V unserer Botschaften von der Selbstgenügsamkeit. Alles ist gegeben, Euch zu dienen und so könnt Ihr auch hier von Eurer wundervollen Natur lernen, in diesem Fall von Euren Katzen.

Ein einsamer Mensch fühlt sich, als stände er auf einem menschenleeren Bahnhof. Wo sonst geschäftiges Treiben herrscht, da wähnt er sich hilflos zurückgelassen. Einsamkeit geht immer einher mit einem bitteren und beängstigenden Gefühl der Orientierungslosigkeit. Und in der Tat, dem ist so, denn ohne Selbstliebe verliert der Mensch seine innere Orientierung. Was aber nicht im Inneren ist, das kann sich auch im Außen nicht offenbaren. Der einsame Mensch projiziert all seine Sehnsüchte nach außen und erkennt nicht, dass doch alles im Innen zu finden ist. Sowie Du liebend nach innen blickst, wirst Du es erkennen: Du bist in bester Gesellschaft.

»Nicht Gesellschaft, nicht Umgang
mit Menschen erlöst von Einsamkeit.
Das tut nur die Liebe.«
Michael Bauer

Gekommen, um zu bleiben

Mein lieber Freund, meine liebe Freundin, Ihr alle sehnt Euch zutiefst nach Beständigkeit. Gerade in einer Welt, in der alles und jedes dem ständigen Wandel zu unterliegen scheint, ist diese Sehnsucht so legitim wie nachvollziehbar. Ihr sucht das Dauerhafte. Im Beständigen findet Ihr den Halt, den Ihr braucht, um Euch dem Wandel des Lebens mutig zu stellen. Ihr wollt und braucht eine feste Konstante, an der Ihr Euch allzeit orientieren könnt.

Warum ist das Gleichbleibende für Euch so wichtig? Der Mensch hat ein festes Identitätsgefüge. Dieses Gefüge sucht er sein Leben lang zu erkennen und zu verstehen. Das Leben als solches unterliegt dem ständigen Wandel und auf diesen Wandel muss der Mensch reagieren. Das Leben zwingt ihn dazu, denn jede Aktion erfordert Reaktion. Der Mensch reagiert also auf den Wandel, er nimmt Anpassungen an die neuen Gegebenheiten vor. Wandel ist immer auch beängstigend. Das liegt in der Natur der Sache, denn was der Mensch nicht kennt, das fürchtet er.

Der Mensch ist also ein festes Identitätsgefüge. Dennoch ist auch er selbst dem ständigen Wandel unterworfen. Ihr entwickelt Euch im Verlauf Eures Lebens, die Seele wächst. Gleichwohl bleibt Dir Dein Identitätsgefühl als solches vollkommen erhalten. Das ist das Wundervolle des Seelenwachstums: Du wächst, Du veränderst Dich, dennoch bleibst Du immer ganz und gar Du selbst. Wandel und Beständigkeit bilden also eine wunderbare, geheimnisvolle Allianz. Sie definieren und bedingen sich gegenseitig. Der Wandel wie auch die Beständigkeit, beide sind sie in Dir selbst angelegt, in Deinem Inneren.

Der Mensch sehnt sich also nach Beständigkeit. Diese tiefe Sehnsucht spiegelt des Menschen Schöpfer. Ewig Er selbst bleibend, so ist Er dennoch in ewiger Ausdehnung begriffen. Was für Deinen Schöpfer gilt, das trifft gleichermaßen auf Dich zu, denn Trennung ist Illusion. Wenn der Mensch sich nach dem Beständigen sehnt, nach Gleichbleibendem und Unabänderlichem, dann ist er letztlich auf der Suche nach der Ewigkeit. Und hier, beim Ewigen, schließt sich schließlich der wunderbare Kreis unserer Betrachtungen und wir kommen an bei der Liebe selbst.

Liebe ist ewig Liebe. Zahllos sind ihre Facetten und Gesichter, dennoch ist sie immer ganz und gar das, was sie eben ist. Liebe ist Beständigkeit und sie ist die einzige, die es jetzt und ewig geben kann. Nichts kommt der Liebe und ihrem Wiedererkennungswert gleich. Mit anderen Worten: Liebe fühlt sich immer gleich an. Immer! Das ist Beständigkeit und es ist die einzige, nach der Dein Herz sich sehnt und sehnen kann. Der Liebe allein gilt die ganze ungebrochene Sehnsucht Deines Herzens. Deine tiefe Sehnsucht nach Beständigkeit ist ein Echo des Himmels. Es ist die leise flüsternde Stimme Gottes, die Dich an die ewige Bedingungslosigkeit der Liebe erinnert.

Kannst Du denn wirklich glauben, Dein liebender Schöpfer könnte Dir eine Sehnsucht ins Herz legen, um sie dann unerfüllt zu lassen? Das Drängen Deines Herzens nach Beständigkeit ist also kein Zufall, keine Laune der menschlichen Natur. Es ist der Widerhall Deiner himmlischen Heimat, denn in der Liebe Gottes bist Du zuhause. Das Beständige ist also

Deine Orientierungshilfe inmitten der Wirren des Lebens. In dem Maße, in dem Du beständig bist in Deiner Liebe zu Dir selbst, kannst Du Dich dem Wandel des Lebens mutig stellen.

Bist Du Dir selbst die feste Konstante in Deinem Leben, dann hast Du alle Orientierungshilfe, die Du brauchst, denn in und durch die Liebe zu Dir selbst erkennst Du die Liebe Deines himmlischen Vaters. Der Weg zur Liebe führt über die Liebe. Dann weißt Du es: Sie ist gekommen, um zu bleiben.

»Sieh, das ist es, was auf Erden
jung dich hält zu jeder Frist,
dass du ewig bleibst im Werden,
wie die Welt im Wandel ist.«

Emanuel Geibel

Was die Stunde schlägt

Meine liebe Freundin, mein lieber Freund, wir sagten es bereits in unseren vorhergehenden Botschaften: Der direkte Weg ins Glück führt über die Frage: Liebe, was gebietest Du? So banal Euch unsere ›Gebrauchsanweisung für das Leben‹ auch anmuten mag, so effektiv ist sie doch auch. Liebe ist effektiv, Liebe funktioniert. Die Weisheit der Liebe ist unermesslich und jenseits dessen, was mit Worten vermittelt werden kann. Die Weisheit der Liebe ist die Weisheit Gottes.

Wir wissen um die schier unüberschaubare Komplexität des Lebens auf Erden. Wir sind uns Eurer Sichtposition und damit Eurer Sichtweise auf das Leben voll und ganz bewusst. Wenn dem nicht so wäre, dann könnten wir nicht helfend eingreifen und Einfluss nehmen. So manch einer unter Euch, von der Last seiner Probleme schier erdrückt, mag denken, dass wir es uns zu leicht machen, dass wir der Komplexität des Lebens nicht gerecht werden und dass wir die Dinge auf die Liebe reduzieren. Und ja, das tun wir!

Wir reduzieren die Dinge auf die Liebe. Nur wer die Dinge auf die Liebe reduziert, der hat sie verstanden, der hat das Leben verstanden mit allem, was darin geschieht. Liebe ist alles, was ist und was es geben kann. Sie ist der Inbegriff alles unbedingt Wirklichen. Liebe ist Gott und Gott ist Liebe. Es gibt nichts anderes. Alles, was nicht Liebe ist, ist Illusion. Wenn wir die Dinge also auf die Liebe reduzieren, dann erweitern wir sie auf das absolute Maximum.

Die wunderbare Fülle all Eurer gemachten Lebenserfahrungen mag Euch vorgaukeln, dass es noch andere Dinge im Leben gibt, die von Bedeutung und Belang sind. Nun, Ihr Lieben, dem ist nicht so. Das Leben ist eine sehr komplexe Angelegenheit und die Liebe ist es auch, zumindest aus irdisch-menschlicher Sicht. Tatsächlich ist Liebe der einfachste Stoff, den es geben kann, gewebt aus nur einer einzigen Komponente. Sie ist der Stoff, aus dem alles gemacht ist, was es in der ganzen weiten Schöpfung gibt. Liebe ist die Essenz des Göttlichen.

Was, wenn nicht Liebe, könnte es also im Leben zu tun geben, was zu suchen und was zu finden? Wir sagten es bereits: Große Dinge sind immer einfach und Gott ist unermesslich groß. Eben diese unermessliche Größe Gottes ist Euch und uns allen ewiger Garant für nie endende Glückseligkeit. Liebe ist unendlich faszinierend.

Wenn Du immer noch glaubst, da müsse es doch noch etwas anderes als Liebe geben, da müsse es doch mehr geben, dann hast Du die Liebe nicht verstanden. Sowie Du mit ihr in Berührung kommst, ändert sich Dein Blick schlagartig, denn kein Wesen in der Schöpfung kann der Faszination und dem Zauber der Liebe widerstehen. Das ist allzeit völlig unmöglich. Liebe ist ›mehr als alles‹ und dieses ›mehr‹ ist und bleibt das ewige Geheimnis und das größte Mysterium Gottes. *(Anm. der Verfasserin: An dieser Stelle legt Regulus einen wundervollen und sehr bewegenden Augenblick tiefer Anbetung ein.)*

Wer da glaubt, es gäbe etwas anderes als Liebe, der ist der Illusion und damit seiner Angst zum Opfer gefallen. Die unbeschreibliche Urgewalt der Liebe mag überwältigend sein

– und wahrlich, das ist sie! – beängstigend ist sie jedoch nie. Die Liebe kommt von Gott, die Angst hingegen aus dem Ego. Wir erinnern an die unantastbare Freiheit Deines Willens. Doch Angst kann die Allgegenwart der Liebe niemals bedrohen. Sie verhindert lediglich Dein Gewahrsein dieser ewigen Allgegenwart. Wähle erneut! Und dann weißt Du, was die Stunde geschlagen hat.

»Denn die Summe unsres Lebens
sind die Stunden, wo wir lieben.«
Wilhelm Busch

Das gefälschte Lächeln

Mein lieber Freund, meine liebe Freundin, in Eurer Welt trügt nicht selten der Schein. Die Wahrheit hinter dem äußeren Anschein der Dinge ist sehr oft eine völlig andere. Und der Mensch selbst macht da keine Ausnahme. Wir, hier im Lichte der Einheit, sind uns völlig im Klaren über die Gegebenheiten in Eurer Welt und über die Schwierigkeiten und Herausforderungen, die diese Zustände für Euch darstellen. Wir sagen Euch – allen Unkenrufen zum Trotz – der Mensch ist besser als sein Ruf.

Tatsächlich ist der Mensch sehr viel besser als sein Ruf. Dies verkünden wir Euch nur zu gerne und in all unseren Botschaften tun wir nichts anderes. Ihr wundervollen, bekümmerten Menschen, würdet Ihr Euch nur mit unseren Augen sehen! Tatsächlich beruhen alles Leid und jedes Elend dieser Welt auf Eurer verzerrten Selbstwahrnehmung. Von seiner eigenen Mangelhaftigkeit zutiefst überzeugt, benimmt sich der Mensch in dieser Welt nicht selten wie die Axt im Walde. Alle äußere Zerstörung ist nur ein Spiegel des inneren Zustandes. Der inneren Verwüstung muss die äußere zwingend folgen.

So wie Zerstörung nur von innen nach außen geschehen kann, so ist es mit der Heilung ebenso. Wie wir schon oft betonten, kann ein Problem immer nur da und dort gelöst werden, wo es ist. Alles andere ist Schattenboxen, wenig hilfreich und letztlich so aussichtslos wie vergeblich. Die Heilung dieser Welt, die so viele von Euch so sehr lieben, ist eine

Frage der Heilung jedes Einzelnen, der auf ihr wandelt. Der Mensch leidet in, mit und an der Welt. Die bange Frage, was man denn schon als Einzelner bewirken könne, ist aus Eurer Perspektive völlig nachvollziehbar, denn der Probleme sind da viele und die Last scheint wahrhaft erdrückend.

Der Mensch ist ein im Kollektiv lebendes Individuum und die Wechselwirkungen zwischen Individuum und Kollektiv sind unbestritten. Dennoch seid Ihr als Individuen dem Kollektiv nicht hilflos ausgeliefert. Sicherlich gibt es so etwas, wie ein Massenschicksal, doch selbst das erlebt jeder Mensch als Individuum auf seine ureigene und ganz persönliche Art, seinem individuellen Sosein entsprechend. Ihr mögt alle dasselbe erfahren, dennoch erlebt jeder Mensch es anders. Was also kannst Du tun? Wie kannst Du der Welt helfen?

Alle Kraft liegt in Dir. Alle Macht ist Dir gegeben. Eine andere als Deine Eigene hast Du nicht und kannst Du niemals haben. Und das ist gut so, denn das genügt! Das Schicksal der Welt unterliegt dem Massenschicksal, also das, was Ihr ›höhere Gewalt‹ nennt und wenn wir Euch nun sagen, dass es so etwas wie höhere Gewalt im letzten Sinne nicht gibt, dann ist das nur ein scheinbarer Widerspruch. Wir dürfen niemals vergessen, dass der Mensch bei seinem Eintritt in die Materie kein unbeschriebenes Blatt ist. Er kommt mit einem im Vorfeld erstellten Seelenplan. Dieser Seelenplan ist mit unvorstellbarer Weisheit und unermesslicher Liebe erstellt, das ist er immer und ausnahmslos. Nichts geschieht zufällig in Deinem Leben, es gibt keine Willkür, kein Chaos und keine Sinnlosigkeit. Der Mensch vergisst diesen Seelenplan, denn der freie Wille des Menschen ist unantastbar. Diesem Vergessen ist es geschuldet, dass der Mensch die Ereignisse in seinem Leben nunmehr höherer Gewalt zurechnet.

Auch die sogenannte höhere Gewalt ist also letztlich Deine eigene. Ist das nicht tröstlich und ermutigend? Gottes Wege sind Wege der Liebe, das sind sie immer und ausnahmslos, allem Anschein zum Trotz. Im blinden Vertrauen auf die ewige Liebe des Schöpfers findet der Mensch die Kraft und den Mut, sich den irdischen Gegebenheiten tapfer zu stellen und seinen Beitrag zur Heilung der Welt zu leisten.

Dein freier Wille ist auf ewig unantastbar, aber der freie Wille Deiner Mitmenschen ist es auch. Du bist Dir selbst das Maß aller Dinge, denn ein anderes hast Du nicht. Willst Du die Welt heilen, dann heile Dich selbst. Wir wissen, dass Liebe in ewiger Ausdehnung begriffen ist. Was Du für Dich selbst tust, das ist für alle getan. So manch einem unter Euch bleibt beim Anblick der Zustände in der Welt das Lachen im Halse stecken, Ihr macht gute Miene zu bösem Spiel. Menschen sind mutig und sie sind es um der Liebe willen. Und wir lieben Euch.

»Nicht das Denken erlöst die Welt,
sondern die Liebe.«
Manfred Kyber

Wo das Leben am seidenen Faden hängt

Meine liebe Freundin, mein lieber Freund, das Leben als solches hängt fürwahr am seidenen Faden, denn es steht und fällt mit der Liebe. Und wäre der Mensch sich der unermesslichen Tragweite der Liebe bewusst, dann wäre damit schon alles gesagt. Dieses Bewusstsein zu erlangen, bist Du in die Welt gekommen. Jeder Mensch tut das. Du bist in die Welt gekommen, zum Bewusstsein der Liebe zu erwachen und wo könnte dieses Erwachen stattfinden, wenn nicht in Dir. Das Bewusstsein der Liebe in Dir ist das Erwachen der Liebe zu Dir.

Liebe dehnt sich aus. Ein Mensch, der zum Bewusstsein der Liebe erwacht, will dieses Bewusstsein weitergeben und in die Welt hinaustragen. Er kann nicht anders wollen, denn so will es die Liebe selbst. Sie will sich verschenken. Was sich nicht verschenken will, das kann keine Liebe sein. Sei es, was es da wolle, aber ganz gewiss keine Liebe. Liebe dehnt sich also aus. Jeder noch so winzig erscheinende Liebeshauch zieht große Kreise. Wie ein kleiner Kieselstein, der ins Wasser geworfen wird, zieht er erst kleine, dann immer größer werdende Kreise. Das vermag nur das Wunder der Liebe.

Liebe ist ein seidener Faden, hauchzart, fein und unaufdringlich. Und dennoch ist sie stärker als die gewaltigste Ankerkette. Wenn der Mensch den Mut aufbringt, sein Leben an den seidenen Faden zu hängen, dann setzt er wahrlich alles auf eine Karte und er ist damit wahrhaft gut beraten. Liebe ist stärker als die gewaltigste Ankerkette, denn sie ist die Stärke Gottes. Immer dann, wenn Du Dich für die Liebe entscheidest, verbündest Du Dich mit Deinem Schöpfer und macht- und kraftvoller kann ein Verbündeter nicht sein.

Eure Welt ist eine Welt der äußeren Erscheinungen, sie zeigt Euch nur allzu oft ein Zerrbild der göttlichen Wirklichkeit. Die Welt mag Euch vorgaukeln, Liebe sei machtlos, nichts als naives Wunschdenken wohlmeinender Traumtänzer und weltfremder Spinner. Nichts ist weiter entfernt von der Wirklichkeit, denn Gott irrt sich nicht in Bezug auf sich selbst. Die Traumtänzer sind die Angstvollen und Hasserfüllten, denn sie sind der Trennungsillusion verfallen. Wer da glaubt, Angst sei berechtigt, der lebt in einem Alptraum von Gefahr und Bedrohung. Wer also ist der Traumtänzer?

Wenn Du Dein Leben an den seidenen Faden hängst, dann wirst Du rasch erkennen, dass er stark genug ist, die ganze Welt und alles Leben darin zu halten und zu erhalten. Tatsächlich hängt die ganze Schöpfung am seidenen Faden. Wenn Dir das nicht bewusst ist, dann hast Du vergessen, wer und was der Schöpfer ist. Und wenn Du den Schöpfer vergisst, dann hast Du auch Dich selbst übersehen, denn dann hast Du vergessen, wer und was Du bist. Wir sehen, einmal mehr, dass der Glaube an Gott und der Glaube an Dich selbst sich gegenseitig bedingen und reflektieren.

Wem also willst Du glauben und Dein Vertrauen schenken? Willst Du Deinem Schöpfer glauben, der immer nur von Liebe spricht oder vielmehr der Welt, die das Klagelied von Verderbtheit, Sünde und Mangelhaftigkeit stöhnt. Der Mensch ächzt, stöhnt und seufzt unter der Last der Welt und sieht nicht, dass er es doch selbst ist, der sie sich auferlegt. Angst wiegt immer tonnenschwer. Liebe jedoch ist vollkommen schwerelos. Der Mensch tut sich schwer mit der Liebe, genauer gesagt, mit dem, was er dafür hält. Allzu oft verwechselt Ihr Liebe mit Opfer und Opfer mit Liebe. Doch diese beiden Konzepte könnten entgegengesetzter nicht sein, denn Liebe kommt aus Gott, Opfer hingegen ist eine Ausgeburt des Ego. Die Erlösung der Welt verlangt Euch keine Opfer ab. Im Gegenteil, nichts weniger als das! Wir wiederholen es gerne und mit Nachdruck für all die Skeptiker unter Euch: Die Erlösung der Welt braucht keine Opfer! Die Erlösung der Welt braucht Liebe.

»Das Festeste, wovon wir wissen,
sind die unsichtbaren Fäden
von Herz zu Herz.«
Hans Nees von Esenbeck

Wo die Welt noch in Ordnung ist

Mein lieber Freund, meine liebe Freundin, wo ist Deine Welt denn noch in Ordnung? Sie ist überall dort in Ordnung, wo Du sie in Ordnung bringst. Wollten wir den Begriff der Ordnung definieren, dann kämen wir schwerlich auf einen Nenner, denn jeder Mensch versteht unter Ordnung etwas anderes. Was dem einen wichtig ist, das erscheint dem anderen völlig nebensächlich. Je nach Persönlichkeit legt jeder Mensch seine Lebensschwerpunkte woanders. Das ist gut und richtig so, denn es gibt keine zwei identischen Wesen in Gottes schöner Schöpfung. Die Vielfalt ist unermesslich und so sind auch die Lebenswege der Menschen vielfältig und individuell.

Die einzige Welt, die Du also in Ordnung bringen kannst, ist Deine eigene. Nichts anderes kannst Du und nichts anderes musst Du. Sowie Du Dich der Liebe zuwendest, bringst Du Dein Leben in Ordnung. Liebe bringt alles in Ordnung, weil Liebe Ordnung ist. Sie ist die einzige Ordnung, die es in der Schöpfung gibt. Liebe allein ist das alles ordnende Prinzip. Gott ist kein Chaot. Du bist es auch nicht, deshalb sehnst Du Dich nach Ordnung, sowohl in Deinem Leben, als auch in Deiner Welt.

Wer da glaubt, Liebe sei chaotisch, der werfe doch einfach einen Blick auf Eure wundervoll herrliche Natur. Das alles ordnende Prinzip Gottes ist hier unübersehbar. Hier ist alles an seinem Platz, hier ist alles richtig. Sieht das Euch nach Chaos, Willkür und Zufall aus? Liebe ist nicht chaotisch, sie ist nichts weniger als das. Liebe ist Ordnung und Ordnung ist berechenbar. Wir sagten es in Band I unserer Botschaften: Gott ist berechenbar. Darin liegt seine große Stärke.

Eure Welt versinkt im Chaos, das ist unbestritten und unübersehbar. Die Welt versinkt im Chaos, weil sie von der Angst beherrscht wird. Angst ist chaotisch, das ist sie immer und ausnahmslos. Angst ist chaotisch und Angst macht chaotisch. Dieser Umstand hat Eure Welt in den Zustand gebracht, in dem sie nun einmal ist.

Willst Du also die Welt ordnen, dann musst Du Dich selbst ordnen. Du musst Dich selbst in die göttliche Ordnung zurückbringen. Sowie Du Dich der Liebe in Dir zuwendest, fügen sich die Dinge wie von Zauberhand. Alles nimmt den Platz ein, den Gott ihm angedacht hat. Dein ganzes Leben ordnet sich wie von selbst und mit ihm Deine ganze Welt.

Wenn es Euch an Vertrauen mangelt, dann nehmt Euch getrost ein Beispiel an Eurer vorhin erwähnten Natur. Sich selbst überlassen, ist sie ein vollkommen geordnetes, funktionierendes System. Die Natur funktioniert und sie tut dies völlig mühelos, ohne jede Anstrengung, ganz von selbst und aus sich selbst heraus. Genau so und nicht anders ist es auch mit Deinem Leben. Je tiefer Dein Vertrauen, desto deutlicher kann sich die Ordnung in Deinem Leben zeigen. Je tiefer Dein Vertrauen in die Liebe, desto eindeutiger ihre Allgegenwart. Wir erinnern einmal mehr an die Unantastbarkeit Deines freien Willens. Was Du nicht willst, das kann auch nicht sein.

Wo Angst regiert, da herrschen Schwerstarbeit, Mühe und Plage. Angst ist hochgradig anstrengend. Sie ist eine Plage, Ihr alle könnt ein Klagelied davon singen. Liebe macht das Leben einfach, sie macht das Leben mühelos, lustvoll und federleicht. Du tust gut daran, Dir das Leben federleicht zu machen. Erlaube der Liebe, Dein Leben aufzuräumen und Ordnung zu schaffen. Du musst es ihr nur erlauben, denn, wie wir wissen, nichts geschieht jemals gegen Deinen freien Willen.

»Der menschlichen Seele Ziel und
äußerste Vollendung ist:
Erkennend und liebend die ganze Ordnung
der geschaffenen Dinge zu durchschreiten und
vorzudringen zum ersten Urgrund,
welcher Gott ist.«
Thomas von Aquin

Wenn die Würfel fallen

Meine liebe Freundin, mein lieber Freund, wenn die Würfel des Lebens fallen, dann hofft ein Jeder auf sein Glück. Doch Glück ist keine Glückssache. Glück ist keine Frage des Zufalls, Glück ist eine Frage der Liebe. Die Welt ist voller Möglichkeiten und das Leben bietet unzählige Chancen. Der Mensch versucht, sein Glück zu machen und so trifft er auch seine zahllosen Entscheidungen, immer in der Hoffnung, dass sie ihm Glück bescheren mögen.

Der Schöpfer ist kein Chaot und so etwas wie Willkür oder Zufall gibt es nicht, das sagten wir bereits. Das Schicksal, das Euch ereilt, ist weder Strafe noch Belohnung, denn die Liebe Gottes ist vollkommen bedingungslos. Euer Schicksal ist einfach die logische Konsequenz Eures einmaligen, wunderbaren Soseins. Das Schicksal – so widrig es Dir mitunter erscheinen mag – ist völlig neutral. Es ist, wie gesagt, die Reaktion des Lebens auf Dein Sosein.

Wenn die Würfel des Lebens fallen, dann hofft jeder auf sein Glück, denn das Streben nach Glückszugewinn ist die mächtigste Triebfeder im Menschen. Dein Schicksal liegt in Deiner Hand. Wo, wenn nicht dort? Da gibt es niemanden über Dir, niemanden, der Dich lenkt, prüft oder straft. Wer könnte das wollen und wozu sollte Derartiges nütze sein?

Wir erinnern an den illusionären Charakter des Trennungsglaubens. Wir sagten also, Glück sei eine Frage der Liebe. In der Tat, dem ist so. Du bist ein bewusstes Wesen und das Leben als solches ist es auch. Das Leben lebt, es ist dynamisch, es reagiert und antwortet. Was Du aussendest, ist das, was Du bekommst. Dabei ist das Leben vollkommen neutral, denn – wie gesagt – wir bewegen uns in Konzepten jenseits von Lohn oder Strafe. Was Du aussendest, ist das, was Du bist, beziehungsweise das, was Du zu sein glaubst. Was Du aussendest, ist das, was Du willst. Was Du aussendest, ist das, was Du willst und was Du willst, das bekommst Du. Hier wären wir also wieder bei der Unantastbarkeit Deines freien Willens.

Glück ist eine Frage der Liebe. Wenn Du Liebe aussendest, dann wird das Leben Dir mit Liebe antworten, es wird Dir Liebe spiegeln. Mit der Angst ist es ebenso, denn Du hast allzeit die freie Wahl. Gerne geben wir an dieser Stelle ein einfaches Beispiel: Wenn Du Dich selbst liebst, dann wirst Du liebevolle Entscheidungen treffen. Du wirst Dir selbst Treue und Respekt entgegenbringen, die Deine Lebensentscheidungen maßgeblich beeinflussen. Selbstliebe ist immer maßgebend.

Wir wissen um die alles entscheidende Bedeutung der individuellen Selbstwahrnehmung. Auch der Mensch, der sich selbst die Liebe verweigert, trifft Entscheidungen und auch hier ist die Selbstwahrnehmung maßgebend. Seine Entscheidungen werden hingegen lieblos sein, weil von Angst und Schuldwahn geprägt. Er wird sich vieles abverlangen, was in krassem Widerspruch zu seiner göttlichen Wirklichkeit steht, denn er kann diese nicht wahrnehmen. Angst macht blind.

In dem Maß, in dem Du Dich selbst liebst, wirst Du also liebevolle Entscheidungen treffen. Die Liebe lenkt Deine Wege und das, was Ihr Schicksal nennt, wird mit Liebe antworten. Das ist dann das, was Ihr als Glück bezeichnet. Die Würfel des Lebens fallen also niemals zufällig in der einen oder anderen Weise. Sie fallen so, wie Du sie geschüttelt hast. Alles entscheidet sich an der Liebe.

Wenn die Angst ruft, dann antworte ihr nicht. Sie hat Dir nichts zu sagen, das Du nicht schon besser kennst, als Dir lieb sein kann. Folge dem Ruf der Liebe. Dein Schicksal ist nichts, das sich außerhalb von Dir abspielt, Dein Schicksal liegt in Dir. Wenn Du das vergisst, dann bist Du der Trennungsillusion auf den Leim gegangen, dann hast Du vergessen, wer und was Du bist. Du selbst machst Dein Schicksal, denn Du bist Dein Schicksal. Der gute Ausgang aller Dinge ist Dir also auf ewig gewiss, denn Du bist Geist von seinem Geiste. Du bist Geist von Gottes Geist. Alles wird gut!

»Die Würfel Gottes
fallen immer richtig«
Sophokles

Von unsichtbaren Mauern und sichtbaren Grenzen

Mein lieber Freund, meine liebe Freundin, Eure Welt ist voller Mauern und Grenzen, sichtbaren und unsichtbaren. Allenthalben wird begrenzt, ausgegrenzt, getrennt und gespalten. Menschen wollen sich abgrenzen und das ist gut und richtig so.

Diese Welt ist eine Zone der Dualität. Ihr alle seid ihr unterworfen. Dieser Umstand macht Abgrenzung unvermeidbar. Ihr könnt nicht etwas tun und es gleichzeitig lassen. Ihr könnt nicht etwas wollen und es gleichzeitig ablehnen. Ihr seid gezwungen, Position zu beziehen und zu entscheiden, was für Euch stimmig ist mit Eurem Sosein und was nicht. Mit anderen Worten: Ihr müsst wählen.

Ihr habt also die Freiheit der Wahl, ja, mehr noch, in Eurer Welt herrscht ›allgemeine Wahlpflicht‹. Wer nun sagt, dass dies doch der Willensfreiheit zuwiderläuft, der sei daran erinnert, dass Ihr freiwillig inkarniert. Kein Mensch geht auf Erden, der sich ein Leben unter diesen hochspezifischen, irdischen Bedingungen nicht ausgesucht hätte. Ihr wählt also frei und selbst dieser Umstand ist frei gewählt. Hier, im Lichte der Einheit, ist Liebe und nichts als Liebe. Wo nur eines ist, kann kein anderes gewählt werden. Für uns gibt es nichts zu wählen. Wir haben also keine Wahl. *(Anm. der Verfasserin: sehr humorvoll und mit einem Augenzwinkern)*

Wo Liebe ist, da hat jede Wahl ein Ende, denn mit der Liebe ist alles gewählt, was es gibt und geben kann. Im Lichte der Einheit herrscht Vollkommenheit. Der Vollkommenheit ist jedoch nichts hinzuzufügen. Was also könnte es noch zu wählen geben?

Es gibt nichts außerhalb der Vollkommenheit, weil es nichts außerhalb der Liebe gibt. Liebe ist Vollkommenheit. Ihr, die Ihr unter irdischen Bedingungen lebt, habt jedoch eine Wahl, genauer gesagt, Ihr glaubt, eine Wahl zu haben. Tatsächlich ist es so, dass jede Wahl, die nicht Liebe ist, eine Fiktion ist und sein muss. Alles – ausnahmslos alles – was nicht Liebe ist, ist Illusion. Ihr habt also nicht wirklich eine Wahl, denn Ihr wählt zwischen Wirklichkeit und Illusion. Und Illusion kann man eben nicht wirklich wählen, weil sie ihrem Wesen nach fiktiv ist.

Im letzten Sinne ist das menschliche Erleben auf Erden ein Spiel. Ihr spielt ein Versteckspiel mit Euch selbst. Ihr geht in die Dunkelheit und sucht das Licht, das Ihr doch selber seid. Dabei tut Ihr so, als hättet Ihr es vergessen. Nun, die Seele weiß, was sie tut, wenn sie inkarniert, denn die Seele will wachsen und das Bewusstsein ihres göttlichen Erbes mehren. Menschen wollen wissen, wie es ist, wenn man der Liebe nicht mehr gewahr ist. Sie wollen wissen, wie es ist, wenn man Angst hat. Der Gewinn ist für die Seele unermesslich, denn nunmehr kann sie sich in ihrem eigenen Licht sonnen. Ganz einfach ausgedrückt: An der Liebe kann man sich immer nur in dem Maße erfreuen, wie man sie wahrnimmt. Wir wissen, dass Liebe sich niemals aufdrängt und wir wissen um den freien Willen des Menschen.

Der Mensch grenzt sich also ab. Und nicht selten mutiert diese Abgrenzung zur Ausgrenzung. Dies ist immer dann der Fall, wenn der Mensch der Angst verfällt. Alle sichtbaren Grenzen auf Eurer Welt legen offensichtliches Zeugnis dafür ab. Mit den unsichtbaren Mauern, die der Mensch zwischen sich selbst und seinen Mitmenschen errichtet, verhält es sich ebenso. Angst grenzt aus, Angst trennt und spaltet dort, wo Liebe verbindet und vereint. Ihr isoliert Euch, sowohl individuell als auch kollektiv. Wie, wenn nicht mit Angst, könnte man derlei Absurdität erklären? Wozu bitte sollten Grenzen gut sein?

Der Mensch fürchtet sich vor allem und jedem. Er fürchtet sich vor ihm fremden Ländern, vor ihm fremden Kulturen, vor ihm fremden Wertvorstellungen, vor ihm fremden Menschen. Und nicht zuletzt fürchtet er sich vor sich selbst. Wir erinnern an die alles entscheidende Bedeutung der Selbstwahrnehmung.

Liebe macht grenzenlos, weil Liebe grenzenlos ist. Liebe macht grenzenlos, sowohl den einzelnen Menschen, als auch Eure wunderschöne Welt. Sowie der Mensch zur Liebe erwacht, fallen alle Schranken, Mauern und Zäune, denn wir wissen: Wo keine Liebe ist, da sind die Tage gezählt!

»Denn steinerne Grenzen können
Liebe nicht fernhalten,
und was Liebe kann, das wagt
Liebe zu versuchen.«
William Shakespeare

Volle Kraft voraus!

Meine liebe Freundin, mein lieber Freund, ist der Mensch von der Richtigkeit einer Sache zutiefst überzeugt, dann wird er alle Hebel in Bewegung setzen, sie in die Tat umzusetzen. Der Volksmund sagt: »Des Menschen Wille ist sein Himmelreich.« Nun, der Vollständigkeit halber sei Euch gesagt: Des Menschen Wille ist sein Himmel oder seine Hölle. Ob Himmel oder Hölle, das entscheidet sich daran, ob sich der Wille des Menschen an der Liebe oder aber an der Angst orientiert.

Was aber ist maßgebend dafür, was der Mensch für gut und richtig erachtet? Was ist entscheidend? Es ist das wunderbare, in jedem Falle einzigartige Sosein des Menschen. Mag die Summe seiner Erfahrungen auch prägend sein, das Sosein des Menschen entscheidet über die Art der Erfahrungen, die er macht und durchlebt. Es ist also letztlich unmöglich und unsinnig, den Menschen von seinen Erfahrungen trennen zu wollen.

Der Mensch wird also maßgeblich von seinem Willen gesteuert, der sich in seinem Machen und Tun niederschlägt. Größere Freiheit kann es nicht geben, denn Du kannst Dir frei aussuchen, was Du willst und was nicht. In dieser Weise erkundet und erforscht der Mensch sich selbst und seine inneren Welten. Du wirst also immer das tun, was Du für richtig hältst und auch dann noch, wenn Du Dich dafür entscheidest, das Falsche zu tun, erachtest Du es dennoch für richtig, es zu tun. Der Mensch kann sich selbst nicht entfliehen, niemand kann das. Er ist also seinem eigenen Willen unterstellt und damit sich selbst. Nur so ist Selbsterkenntnis möglich.

Des Menschen Wille ist sein Himmelreich: Das ist immer dann der Fall, wenn Dein Wille stimmig ist mit der Wirklichkeit, also in Einklang mit Deiner gottgegebenen Liebesnatur. Liebe ist das, was Du bist. Liebe kann man nicht haben. Es unterliegt nicht Deinem Willen, ob Du lieben willst oder nicht. Jeder Mensch, der liebt, weiß das: Liebe kann man nicht wählen, man kann sich nicht aussuchen, ob man lieben will oder nicht. Wir wiederholen es gerne: Liebe ist die größte Macht in der Schöpfung, sie ist nicht manipulierbar. Liebe ist ein Gnadengeschenk des Göttlichen. Liebe kann man nicht haben, Liebe wird erschaut. Hier hat jedes Wollen ein Ende, denn mehr kann es nicht zu wollen geben, für Dich, für uns und für die ganze Schöpfung.

Sind Deine Willensbekundungen hingegen von Angst dominiert und unterfüttert, dann sind sie Deine Hölle, denn weiter von Dir selbst kannst Du Dich niemals entfernen. Angst spaltet Dich von Deiner wahren Natur ab und damit von Dir selbst. Angst ist die größtmögliche Form von Leid, denn mehr Gottferne geht nicht. Wir wissen jedoch um den illusionären Charakter der Angst und damit um den illusionären Charakter von Gottferne. So etwas wie Gottferne kann es niemals wirklich geben, denn die Liebe Gottes ist allgegenwärtig. Weil es keine wirkliche Gottferne geben kann, gibt es auch keine Hölle. Wir sprachen darüber in Band VI unserer Botschaften. Die Illusion von Gottferne und damit von einer Hölle mag Euch sehr real anmuten, das ist uns vollkommen bewusst. Wir erinnern daran, dass es so etwas wie wirkliche Gefahr nicht gibt und nicht geben kann. Illusion bleibt Illusion.

Es gibt also keine wirkliche Gefahr und so ermutigen wir Dich, festen und freudigen Schrittes durch Dein Leben zu gehen. Dir kann nichts geschehen, kein Haar wird Dir jemals gekrümmt. Wir erinnern an den *Kurs in Wundern*: »Nichts Wirkliches kann bedroht werden.« Bist Du der Angst leid, bist Du es leid, zu leiden, dann besinne Dich auf Deinen Schöpfer und Dein göttliches Erbe. Besinne Dich auf Dich selbst. Erinnere Dich an Dich selbst und besinne Dich auf die Liebe, die Du bist. Und dann: Volle Kraft voraus!

Das Leben lädt Dich ein, es mit beiden Händen freudig zu ergreifen, es zu zelebrieren und zu feiern in jedem Augenblick, der Dir geschenkt ist. Du hast einen freien Willen, mache das Beste daraus, mache ihn zum Werkzeug Deiner Liebe.

»Der Ursprung allen Handelns
liegt im Willen eines freien Wesens.«
Jean-Jacques Rousseau

Mit Glanz und Gloria

Mein lieber Freund, meine liebe Freundin, immer dann, wenn ein Mensch liebt, zündet er ein Licht an, genauer gesagt, er erschaut das allgegenwärtige Licht Gottes. In Eurer Welt sind die Dinge nur selten das, was sie scheinen. Viele Menschen – von der Welt übersehen und missachtet – leben in Glanz und Gloria. Liebe ist das Einzige, das dem Leben des Menschen Glanz und Herrlichkeit verleiht. Nichts – aber auch gar nichts anderes – ist vor Gott von Bedeutung. Was aber vor Gott von Bedeutung ist, das ist es auch vor Dir, denn es gibt keine Trennung zwischen dem Schöpfer und seinem Geschöpf.

Die Welt, so, wie sie sich Euch darstellt, urteilt nach anderen Kriterien und Maßstäben. Die Suche nach Glückszugewinn ist zu einer Hetzjagd nach Geld und Macht pervertiert. Der Mensch sucht sich selbst und damit sein Glück an den falschen Stellen. Wirklich reich ist allein der, der liebt. So banal und abgedroschen dies auch klingen mag, es entspricht der ewigen Wahrheit. Nur Liebe macht reich! Nun, Ihr Lieben, so banal kann unsere Aussage nicht sein, denn Eure Welt scheint es nicht zu wissen. *(Anm. der Verfasserin: mit Humor, dennoch mitfühlend und verständnisvoll)*

Wir, hier im Lichte der Einheit, sehen nur das Wirkliche und damit das Letztgültige. Das Letztgültige ist das ewig Gültige. Und so ist es denn, dass wir Euch mit völlig anderen Augen sehen, als Ihr selbst es tut. Wir sehen Euer Licht, wir wissen, dass Ihr um Eures Lichtes willen inkarniert und all die unsäglichen Strapazen eines Erdenlebens auf Euch nehmt. Wir sehen, wie sehr Ihr Euch bemüht, wir sehen, wie sehr Ihr Euch investiert, wir sehen, wie viel Ihr riskiert, wenn Ihr Euch mutig Euren Illusionen stellt. Wir sehen, wie viel Angst zu ertragen Ihr gewillt seid: Wir sehen, wie sehr Ihr liebt!

Ihr wähnt Euch einsam, verlassen und getrennt, doch Ihr seid nie allein. Die geistige Welt liegt Euch in Ehrerbietung und mit Bewunderung zu Füßen und harrt, Euch und Eurer heiligen Mission dienlich sein zu dürfen. Wahrlich, Menschwerdung ist eine heilige Mission! Ihr könnt doch nicht wirklich glauben, dies bliebe unbeachtet. Ihr könnt doch nicht wirklich glauben, Gott ließe Euch allein bei einem derartigen Unterfangen? So etwas wie Trennung und Verlassenheit gibt es nicht. Ihr seid Euch der Größe und Herrlichkeit der Menschwerdung als solche nicht einmal annähernd bewusst.

Ihr alle seid Gottsucher, ein jeder von Euch. Uns ist völlig bewusst, wie sehr der Schein trügen mag und dennoch ist dem so. Wahrlich, in Eurer Welt scheinen die Untiefen der Angst schier bodenlos. Viele Menschen wandeln in tiefer Dunkelheit. Ihr seid hier, ihnen ein Licht zu entzünden und den Weg zu erhellen. Das tut Ihr, indem Ihr Euer eigenes Licht für Euch selbst erkennt. Was für einen erreicht ist, das ist für alle erreicht. Liebe zeitigt immer und ausnahmslos segensreiche Folgen für alle und für jeden.

Ihr lebt in Glanz und Gloria und es wäre nicht so, wenn es Euch nicht ein tiefes Herzensbedürfnis wäre, diese Herrlichkeit mit anderen und der ganzen Welt zu teilen. Das ist Liebe und genau so will sie es. Nur das, was sich verschenken will, ist wirklich. Was Du verschenkst, das gehört Dir in Ewigkeit. Was Du nicht verschenkst, das kannst Du auch nicht haben.

Niemand kann das. So will es die Liebe.

Aller Pomp und jeder Prunk der Welt werden vergehen. Sie zerfallen, rosten, lösen sich auf, sie fallen der Zeit anheim, weil Pomp und Prunk genauso illusionär sind, wie die Zeit selbst. Illusionen fressen sich gegenseitig auf, das tun sie letztlich immer. Was einzig bleibt, sind Glanz und Gloria der Liebe. Denn wie es war im Anfang, so auch jetzt und in Ewigkeit.

»Die Liebe ist unter den Tugenden,
was die Sonne unter den Sternen:
Sie gibt ihnen Glanz und Schönheit.«
Franz von Assisi

Wenn alle Stricke reißen

Meine liebe Freundin, mein lieber Freund, wenn das Selbstwertgefühl des Menschen erschüttert wird, dann gerät sein gesamtes Selbstbild ins Wanken. Er verliert den sicher geglaubten Boden unter den Füßen und fühlt sich in seiner Integrität angegriffen. Solche Augenblicke, so schwierig und schwerwiegend sie auch sein mögen, bieten immer auch Chancen. Sie bieten Gelegenheit, sein Selbstbild zu überdenken, einer Prüfung zu unterziehen und sich selbst neu zu definieren.

Wenn das Selbstwertgefühl ins Wanken kommt, dann geschieht dies immer an der emotionalen Schwachstelle des Menschen. Es ist also kein Zufall, wenn Dich dies aus der Fassung bringt und jenes nicht. So wie eine Kette, deren schwächstes Glied reißt, so erfährt auch das Selbstbild des Menschen den Bruch dort, wo es auf wackeligen Beinen steht. Immer dann, wenn das Selbstwertgefühl des Menschen erschüttert wird, treten Selbstzweifel zutage. Es versteht sich von selbst, dass ein Mensch, der sich selbst gegenüber keine Zweifel hegt, nicht zu erschüttern ist.

Selbstzweifel sind also die Wurzel des Übels, denn wie wir wissen, steht und fällt alles in des Menschen Leben mit seiner Selbstwahrnehmung. Das Problem ist immer innen, es gibt kein Außen. Der Mensch, der an sich selbst zweifelt – und das ist bei jedem Menschen so – ist sich seiner selbst nicht sicher: Er bezweifelt seine Loyalität und Treue sich selbst gegenüber. Der Mensch hat Angst und erkennt nicht, dass die

Angst selbst der Verräter ist, der ihm so zusetzt. Dein wundervolles, einmaliges Sosein ist unantastbar. Wer also könnte Dir etwas anhaben? Was kann Dir geschehen? Die Angst selbst also ist der Feind und sonst niemand. So ist es immer und ausnahmslos.

Wenn Du Dich Deiner Treue und Loyalität Dir selbst gegenüber vergewissern willst, dann kehre Deiner Angst den Rücken. Sowie Du Dich auf die Liebe und damit wieder auf Dich selbst besinnst, bist Du wieder in Deiner inneren Mitte. Hier und nur hier, kannst Du Dich selbst wirklich wahrnehmen. Sowie Du in Deiner inneren Mitte und somit wieder bei Dir selbst angekommen bist, bist Du in Deiner inneren Heimat. Zuhause ist dort, wo Dein Herz für Dich schlägt. Wenn also alle Stricke zu reißen drohen, dann nimm Dich selbst liebend und verständnisvoll in die Arme. Liebe ist immer das Heilmittel der Wahl und Selbstliebe ist allzeit verfügbar. Sie ist immer greifbar, sie will nur freudig in Anspruch genommen werden.

Menschen verletzen sich gegenseitig und sie tun es ständig. Immer ist Angst die Wurzel des Übels, es gibt keine andere. Angst macht nicht nur verletzlich, Angst macht auch verletzend. Menschen tun sich gegenseitig weh und nicht selten sind sie so von Angst umnebelt, dass es ihnen noch nicht einmal bewusst ist. Der Mensch weiß nicht, was er tut, wahrlich, er weiß es nicht. Wenn der Mensch Angst hat, dann weiß er nie, was er tut, denn Angst versperrt den freien Blick auf die wahre Identität. Wer aber seine wahre Identität nicht kennt, der kann unmöglich wissen, was er tut.

Der Mensch im Angstrausch ist sich seiner Handlungen und Taten also nicht wirklich bewusst, denn echtes Bewusstsein setzt Liebe voraus. In der Liebe weiß der Mensch immer und unfehlbar, was er tut, denn Liebe ist Bewusstsein. Liebe ist die höchste Form des Bewusstseins und im Grunde und in Wahrheit die einzig wirkliche. Liebe und echtes Selbstbewusstsein sind also letztlich ein und dasselbe. In dem Maße, in dem Du Dich selbst liebst, bist Du Dir Deiner selbst bewusst. Es versteht sich von selbst, dass ein Mensch, der sich seiner selbst wirklich bewusst ist, auch den anderen in seinem Selbstwert wahrnimmt und respektiert. So will es die Liebe.

»Wo Liebe ist, da ist auch Friede,
wo Friede ist, da ist auch Gott.«
Unbekannt

Wo das Gute liegt so nah

Mein lieber Freund, meine liebe Freundin, oftmals wähnt der Mensch sein Glück in weiter Ferne. Immer scheint es dort zu sein, wo er gerade nicht ist und so glaubt er, es müsse wohl woanders und somit schwer erreichbar sein. Der Mensch sucht also sein Glück und hechelt ihm hinterher. Er wähnt es in anderen Ländern, auf anderen Kontinenten, auf anderen Planeten und bisweilen sogar in anderen Leben. *(Anm. der Verfasserin: scherzhaft gesagt)* Wo immer der Mensch sein Glück vermutet, es scheint in unerreichbarer Ferne zu sein.

Doch Glück ist keine Frage des räumlichen Aufenthaltsortes, zumindest nicht in erster Linie. In Band III unserer Botschaften sprachen wir von der Bedeutung der Stimmigkeit des räumlichen Ortes mit Deinem Sosein. Hier sei nun an diese Anmerkungen angeknüpft. Glück entscheidet sich nicht daran, wo Du bist, Glück entscheidet sich viel mehr daran, wie Du bist. Glück entscheidet sich an der Qualität Deiner Selbstwahrnehmung. Glück ist Liebe und somit allgegenwärtig, immer verfügbar und allzeit erreichbar. Was allgegenwärtig ist, das ist es immer und allzeit. Das ist dasselbe, denn Raum und Zeit bedingen sich.

Die Wahrnehmung von Glück ist also immer eine Frage der Liebe. Je tiefer Deine Selbstliebe, desto tiefer Dein Glück. Ein Mensch, der sich liebt, ist sich selbst Fels in der Brandung des Lebens. Keine noch so tosende See kann ihm etwas anhaben. Unerschütterlich steht er da, unbeeinflusst von dem, was um ihn herum geschieht. Wenn Du Dich selbst liebst, dann folgt das Glück Dir auf Schritt und Tritt. Wo auch immer Du bist, wo auch immer Du Dich aufhalten magst, wenn Du das Glück in Dir trägst, ist der Ort irrelevant.

Der Ort ist irrelevant und die Zeit ist es auch. Wie gesagt, Ort und Zeit bedingen sich. Sie sind die zwei Seiten ein und derselben Medaille. Du kannst also überall glücklich sein und Du kannst es jederzeit. Wir wissen, dass Liebe über der Dualität steht. Sie steigt einfach über die Illusion der Zeit hinweg. Liebe ist immer im Jetzt, denn eine andere Zeit gibt es nicht und kann es nicht geben. In Band III unserer Botschaften haben wir gesehen, dass nur das Jetzt echten Wirklichkeitsgehalt hat. Das Jetzt ist die machtvolle Schnittstelle zwischen Zeit und Ewigkeit.

Der Mensch wähnt sein Glück also gerne in weiten Fernen. Dies darf uns nicht weiter wundern, denn der Mensch misstraut sich selbst und somit auch seinem Glück. Er misstraut sich selbst und verlagert sein Glück denn auch lieber in eine fiktive Zukunft. Doch Glück ist hier und jetzt oder aber, es ist gar nicht. Glück kann man nicht aufschieben, ebenso wenig, wie man Liebe aufschieben kann. Glück und Liebe sind die heiligen Kinder des Augenblicks.

Wenn der Mensch zur Selbstliebe erwacht, beginnt für ihn eine neue Zeitrechnung. Es ist, als wären alle Uhren auf null zurückgestellt. Sein Leben hat fortan eine völlig neue, andere Qualität. Lebensqualität ist eine Frage der Selbstliebe, das ist sie immer und ausnahmslos. Nichts anderes – aber auch gar nichts anderes – ist entscheidend für Dein Glück. Ihr wähnt das Gute in weiter Ferne, doch es liegt so nah, denn es liegt in Euch selbst. So sehr Du Dich nach Glück sehnen magst, Du kannst es nicht herstellen. Man kann Glück genauso wenig herstellen, wie man Liebe herstellen kann. Du kannst Dich also nicht glücklich machen. Glücklich kannst Du nur sein und Du bist es augenblicklich, wenn Du liebst.

Viele von Euch fürchten sich vor dem Glück und scheuen es. Von der Angst vor der Selbstliebe war bereits die Rede. Ohne Selbstliebe ist Glück völlig unmöglich, denn Du bist Dir selbst das Maß aller Dinge. Wenn Menschen glauben, sie haben es nicht verdient, sich selbst zu lieben, dann fühlen sie sich auch der Liebe eines anderen nicht würdig. Niemand kann sich selbst entfliehen. Dein Glück liegt nicht in fremden Händen, das tut es nie.

Suche also Dein Glück und suche es wo und wann immer Du willst. Dein freier Wille ist unantastbar. Doch wie immer Deine Suche aussehen mag, übersieh Dich selbst dabei nicht. Sowie Du Dich selbst siehst, wirst Du es finden. Sowie Du Dich selbst liebst, hast Du es gefunden. Augenblicklich!

»Liebe und Glück wollen erkannt sein,
um empfunden zu werden.«
Wilhelm Weber-Brauns

Die stille Symphonie – Das Schweigen Gottes

Meine liebe Freundin, mein lieber Freund, Liebe ist das größtmögliche Mysterium in der Schöpfung. Sie ist das offene Geheimnis Gottes. Das Leben auf Erden ist nie einfach. Menschen leiden in und an der Welt. Ihr alle wisst das besser, als Euch lieb sein kann. In seiner Not wendet sich der Mensch an seinen Schöpfer. Er ruft ihn an und bittet und fleht um Hilfe. Soweit – so gut! Bis hierher hat der Mensch alles richtig gemacht, doch was dann folgt, wird oft missverstanden, denn es folgt das Schweigen Gottes.

Und eben dieses Schweigen ist es, das der Mensch nur allzu oft missversteht und nicht einordnen kann. Nicht selten interpretiert der Mensch das Schweigen des Schöpfers als Gleichgültigkeit, Strafe oder derlei Absurditäten mehr. Fehlinterpretationen dieser Art sind der Trennungsillusion geschuldet und die direkte Folge davon. Hier bricht sich der Schuldwahn des Menschen ungehindert Bahn. Der Mensch projiziert sein verzerrtes Selbstbild auf den Schöpfer, den er nunmehr als strafend oder prüfend empfindet.

Ihr habt Gottes Schweigen missverstanden, Ihr habt Gott missverstanden! Die Liebe des Schöpfers ist vollkommen. Sie ist vollkommen bedingungslos, das ist ein und dasselbe. Dies impliziert die Unantastbarkeit Deines freien Willens, denn mehr Liebe kann es nicht geben. Eben diese Bedingungslosigkeit der Liebe ist das, was sich Eurem Verständnis entzieht. Menschen lieben und sie tun es, so gut sie es eben können. Menschen lieben menschlich. In irdischen Gefilden ist Liebe kaum je bedingungslos und kann es auch nicht sein, denn hier seid Ihr der Trennungsillusion unterworfen. Wo Angst möglich ist, da folgen die Bedingungen auf dem Fuße.

Je weniger Angst, desto bedingungsloser die Liebe. Wie im Himmel, so auf Erden. Hier, im Lichte der Einheit, ist Angst völlig unmöglich. Hier ist die Bedingungslosigkeit der Liebe eine Selbstverständlichkeit. Liebe wird also auf Erden immer in dem Maße freigesetzt, in dem die Angst schwindet. Deine Erlösung ist eine Frage der Angstfreiheit. Mehr braucht es nicht, mehr hat es nie gebraucht. Wo keine Angst ist, da ist Liebe und nichts als Liebe. Es gibt nichts anderes als Liebe und nur in der Angstfreiheit kannst Du sie erschauen.

Damit wir uns nicht falsch verstehen, auf Erden ist nicht weniger Liebe als im Himmel. Das kann niemals und nirgendwo sein, denn Liebe ist immer und überall maximal. Es gibt nicht mehr oder weniger Liebe. Liebe ist immer maximal. Es mangelt der Welt nicht an Liebe, es mangelt an der Wahrnehmung ihrer Allgegenwart. Diese Wahrnehmung kann niemals aufgezwungen werden. Niemand kann das und niemand würde es wollen. Liebe drängt sich nicht auf, Liebe bietet sich an.

Gottes Schweigen ist das größtmögliche »Ja!«, das Du jemals hören kannst. Das Echo dieses Schweigens ist in der ganzen Schöpfung vernehmbar, denn es ist ein ewiges. Gott gelobt Dir ewige Treue und Er nimmt ein gegebenes Wort niemals zurück. Weil Liebe bedingungslos ist, ist sie ewig. Spitze die Ohren und öffne Dein Herz, dann kannst Du sie laut und deutlich hören, die heilige Symphonie des Himmels, das ewige Schweigen Gottes.

Nachwort

»Das ist der Liebe heilger Götterstrahl,
der in die Seele schlägt und trifft und zündet,
wenn sich Verwandtes zum Verwandten findet.

Da ist kein Widerstand und keine Wahl,
es löst der Mensch nicht, was der Himmel bindet.«

Friedrich von Schiller

Über die Autorin

Bettina Büx, Jahrgang 1960, ist Mutter von vier erwachsenen Kindern und lebt im deutschsprachigen Grenzgebiet Ostbelgiens. Ihr tiefstes Interesse galt schon von Kindesbeinen an den spirituellen Fragen und geistigen Hintergründen des Lebens. Bereits in jungen Jahren ›wusste‹ sie, dass es ihre Berufung ist, zu schreiben und Botschaften aus der geistigen Welt zu vermitteln. Nach vielen Umwälzungen in ihrem Privatleben und während langer, schwerer Krankheit widmete sie sich schließlich ganz den grundsätzlichen Lebensfragen. Sie hat sich schließlich, wie sie es selbst formuliert, »im wahrsten Sinne des Wortes gesundgeschrieben«, denn im Zuge ihrer schriftstellerischen Arbeit mit der geistigen Welt ist sie wider Erwarten und zu ihrer großen Freude vollständig genesen. Die wundersame Wirkung der Mitteilungen tat das Ihre und so ist es ihr gleichermaßen Bedürfnis und Berufung, die Botschaften, die sie als Geschenk von höchster Ebene betrachtet, weiterzugeben und einem breiten Publikum zugänglich zu machen.

Fragen zu ihren Büchern beantwortet die Autorin gerne. Sie erreichen sie per E-Mail unter: regulus-botschaften@gmx.de oder über ihre Website: www.die-regulus-botschaften.de.

Alle lieferbaren Regulus-Bücher

Das Einführungsbuch

Band I der *Regulus-Botschaften* bildet die Grundlagen spirituellen Basiswissens für jeden nach Sinnsuche und tiefem Verständnis strebenden Menschen. In seinem Erstlingswerk beleuchtet Regulus alle essentiellen Bereiche unseres irdischen Lebens ausführlich. Mit nie dagewesenem Einfühlungsvermögen korrigiert und heilt er Schritt für Schritt unseren Blick auf das Leben und damit unseren verzerrten Blick auf uns selbst. Unter Einbeziehung des Göttlichen stellt Regulus unsere Selbstwahrnehmung in einen völlig neuen, übergeordneten Kontext. Alle wesentlichen Aspekte menschlicher Erfahrungsrealität werden hier einer spirituell-philosophischen Analyse unterzogen, wie sie spannender und informativer nicht sein könnte.

Das Buch zum Thema Angst

Band II der *Regulus-Botschaften* widmet sich der Angst als solche und damit der grundsätzlichsten und folgenschwersten jeder irdisch-menschlichen Lebensproblematik. Hier wird die Angst in ihrem Kern hinterfragt, gründlich analysiert und somit in ihrem tiefsten Wesen erkannt als das, was sie ist. Der Schlüssel zur Überwindung unserer Angst liegt im Verständnis ihrer Natur und Wirkstrategien. In dieser Weise vermittelt und erarbeitet Regulus geeignete Lösungen, die einzig in der Liebe zu finden sind und macht sie für uns auf konkrete und praktische Art verfügbar. Ein unverzichtbares Buch von unschätzbarem Nutzen für alle, die ihrer Angst endlich ein Ende setzen und inneren Frieden finden wollen.

Das Erleuchtungsbuch

Band III der *Regulus-Botschaften* widmet sich dem Thema Erleuchtung und ist ein unverzichtbarer Wegweiser und wertvoller Ratgeber für jeden nach individuellem Seelenwachstum strebenden Menschen. Regulus definiert die Erleuchtung als einzig abhängig von der Steigerung des Liebesbewusstseins. Die Klarheit und Kompromisslosigkeit seiner Aussagen sprechen für sich selbst. Sanft und verständnisvoll führt uns Regulus an die Selbstliebe heran, die uns den Weg hin zu unserem spirituellen Erwachen bahnt. Mit unwiderlegbarer Logik und einer Fülle konkreter Empfehlungen ebnet und erhellt uns Regulus unseren persönlichen Weg hin zur Liebe und damit zur Erleuchtung.

Das Buch über die Liebe

In Band IV der *Regulus-Botschaften* beleuchtet Regulus sowohl das Wesen Gottes als auch die Natur der Liebe als solche in nie dagewesener Weise. Ein Buch für all jene, die es immer schon ›ganz genau‹ wissen wollten und den grundsätzlichsten Dingen des Lebens gerne auf den Grund gehen. Regulus erklärt eindringlich und überzeugend, wieso die Frage nach unserem Schöpfer und die Frage nach dem Wesen der Liebe letztlich ein und dasselbe sind. Mit unwiderlegbarer Klarheit definiert er die Liebe als den göttlichen Wesenskern im Menschen selbst. So sehen wir die Liebe, die edelste aller menschlichen Empfindungen, und letztlich uns selbst mit völlig neuen Augen.

Das Nachschlagewerk der Gaben Gottes

Band V der *Regulus-Botschaften* widmet sich unserer schönen Erde mit all ihren Gaben und Geschenken. Hier werden die geistigen Hintergründe unserer Welt und ihrer Erscheinungen unter die Lupe genommen und einer genauen Betrachtung aus geistig-spiritueller Sicht unterzogen. Unser Blick auf unsere Außenwelt wird in wirkungsvoller Weise und nachhaltig geschärft. Mit einer Fülle brandneuer Erkenntnisse lässt Regulus uns die Welt mit völlig neuen Augen betrachten, denn unsere Wahrnehmung wird verschoben, sowie wir die Dinge mit den Augen der Liebe betrachten. Besonderes Augenmerk legt Regulus auf die heilerischen Wirkungen und Potenziale, die allen Gaben Gottes ganz natürlich innewohnen.

Das Buch über das Leben

In Band VI der *Regulus-Botschaften* widmet sich Regulus dem Menschsein als solches. Mit unvorstellbarer Liebe und tiefem Verständnis für alles Menschliche erörtert er die uns allen bestens bekannte Problematik unseres Lebens auf Erden und die besonderen Herausforderungen des Daseins innerhalb der Dualität. Einfühlsam thematisiert Regulus die Schattenseiten des Menschen und zeigt sowohl Gründe als auch Lösungsansätze auf. Die Botschaft von Regulus könnte tröstlicher nicht sein, denn auch im Angesicht unserer Schattenanteile sind wir von unserem Schöpfer bedingungslos geliebt und vollkommen angenommen.

Das Buch vom Glück

Band VII der *Regulus-Botschaften* ist das Buch vom Glück. Diese Botschaften von Regulus sind genau das Richtige für all jene, die an ihrem Leben, an ihrer Liebenswürdigkeit und damit an ihrem Selbstwert zweifeln. Wir alle, ein jeder von uns, ist unermesslich geliebt. Regulus' Botschaft könnte hoffnungsvoller und tröstlicher nicht sein. Sie macht Mut zur Selbstliebe und mehr Gewinn kann es innerhalb eines Erdenlebens kaum geben. Regulus stärkt unser Vertrauen in die Bedingungslosigkeit der Liebe unseres Schöpfers, das jeder Selbstliebe zugrunde liegt. In dieser Weise legt er ein Fundament, auf das wir allzeit getrost und zuversichtlich aufbauen dürfen, eine Basis, wie sie tragfähiger nicht sein kann.

Das Buch der Weisheit

Band VIII der *Regulus-Botschaften* öffnet uns die Augen für die bedingungslose Liebe unseres Schöpfers und der geistigen Welt. Regulus spricht über das Leben in geistigen Sphären und schärft unser Bewusstsein für die ewige Tatsache, dass wir nie und nirgendwo allein sind, erst recht nicht in irdischen Gefilden und damit unter erschwerten Lebensbedingungen. Erstmalig widmet er sich ausführlich dem Thema der Endlichkeit unseres Erdenlebens und damit dem Tod. Angesichts aller irdischer Leiderfahrung, für die er unendliches

Verständnis und tiefen Respekt aufbringt, analysiert Regulus die Rolle Gottes wie auch die unsrige im ›Spiel des Lebens‹.

Das Buch der Meisterschaft

Band IX der *Regulus-Botschaften* widmet sich drängenden Fragen rund um das Thema ›Meisterschaft des Lebens‹, die ein jeder von uns auf seine ganz persönliche Weise anstrebt. Was ist Meisterschaft? Was kennzeichnet ein gemeistertes Leben und wer entscheidet das? All diesen Fragen geht Regulus ausführlich und mit der von ihm gewohnten kompromisslosen Klarheit auf den Grund. Alle wichtigen Facetten und Bereiche unseres irdischen Lebens werden eingehend beleuchtet, wobei Regulus auch sensible Themen wie Scheidung oder Freitod einfühlsam erörtert. Mit verblüffender Logik verdeutlicht er uns, warum die Meisterschaft des Lebens einzig über den Weg der Liebe zu erlangen ist. Regulus entschlüsselt die großen Zusammenhänge und schenkt uns somit einen weiteren unverzichtbaren Ratgeber und Wegweiser wenn es darum geht, in unserer persönlichen Entwicklung weiterzukommen.

Quellenverzeichnis

Ein Kurs in Wundern, Greuthof Verlag u. Vertrieb GmbH, Gutach i. Br. 1994, ISBN 3-923662-18-1

Das große Handbuch der Zitate von A bis Z, Bassermann Verlag in der Verlagsgruppe Random House GmbH, München 2004, ISBN 3-8094-1699-1

www.aphorismen.de

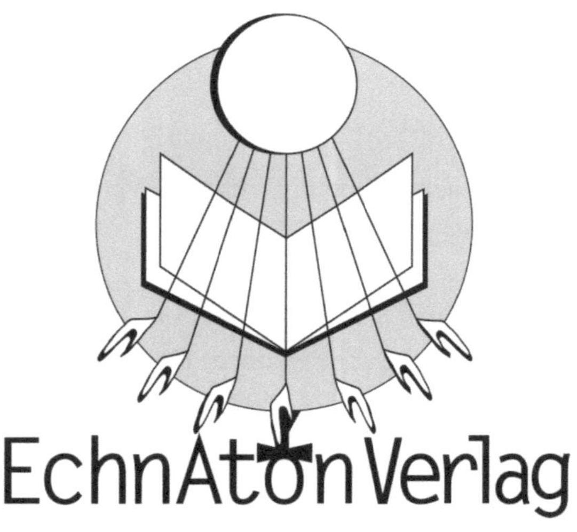

Der EchnAton Verlag steht für transformierende Literatur. Neben den Büchern von spirituellen Weisheitslehrern, Schamanen und Coachs veröffentlichen wir tiefgehende Romane, Meditations-CDs und Online-Kurse.

Melden Sie sich für unseren Newsletter an!

Erhalten Sie Informationen zu aktuellen Neuerscheinungen, geplanten Veranstaltungen und Aktionen.

Alle Informationen finden Sie auf unserer Website:

www.echnaton-verlag.de